가피

부처님이 전하는 안부

가피 부처님이 전하는 안부

초판1쇄 발행 | 2015년 10월 30일
초판2쇄 발행 | 2015년 12월 28일

엮은이 | 법보신문 편집부
사진 | 석공 스님
펴낸이 | 남배현

주간 | 심정섭
기획 | 모지희
책임편집 | 박석동

펴낸곳 | 모과나무
등록 | 2006년 12월 18일 (제300-2009-166호)

주소 | 서울시 종로구 종로19, A동 1501호
전화 | 02-725-7011
전송 | 02-732-7019
전자우편 | mogwabooks@hanmail.net

디자인 | ㈜끄레 어소시에이츠

ISBN 978-89-959490-8-5 03220

이 도서의 국립중앙도서관 출판예정도서목록(CIP)은
서지정보유통지원시스템 홈페이지(http://seoji.nl.go.kr)와
국가자료공동목록시스템(http://www.nl.go.kr/kolisnet)에서
이용하실 수 있습니다.(CIP제어번호: CIP2015028244)

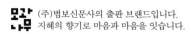 ㈜법보신문사의 출판 브랜드입니다.
지혜의 향기로 마음과 마음을 잇습니다.

대한불교조계종 제2회 신행수기 공모 당선작

가피

부처님이 전하는 안부

모과
나무

신행수기는 발심 이끄는 마중물

부처님은 《제법집요경諸法集要經》에서 자신의 삶이라고 제멋대로 굴거나 방탕한 마음이 잠시라도 스며들면 괴로움의 세계로 떨어지게 되니 엄중히 경계하라고 했습니다. 그러면서 수행하고 정진하는데 밤낮으로 지칠 줄 모르면 선근善根이 더욱 청정해져 불로 순금을 벼려낸 것과 같다고 가르칩니다.

> 방일放逸의 과실은 도道와 어긋나
> 가르침의 다리를 끊으며 선심의 씨를 깨뜨려
> 온갖 망념妄念을 이끌어낸다.
> 악취惡趣에 떨어지는 일은 바로 방일에서 생긴다.

수행과 정진이야말로 우리 모두를 행복과 안락으로 이끄는 최상의 길입니다. 이러한 인연공덕을 실현함으로써 사바세계를 정토 세상, 상생의 공동체로 완성해나갈 수 있습니다. 또 이것이 부처님의 은혜에 보답하는 일이기도 합니다.

불자들은 탐욕과 성냄, 어리석음의 삼독三毒에서 오는 고통과 삶에서 겪는 온갖 역경을 부처님의 가르침을 따르고 실천함으로써 극복해낼 수 있습니다. 고통과 역경을 극복한 원력은 금강과도 같은 신심信心을 바탕으로 합니다. 그러기에 굳건한 신심을 바탕으로 하는 수행과 이에 따른 가피는 불자들의 신심이 후대까지 면면히 이어지게 하는 커다란 원동력이라 할 수 있습니다.

대한불교조계종이 주최하고 법보신문과 불교방송이 주관, 대한불교조계종 중앙신도회가 후원한 제2회 신행수기 공모는 경전에 담겨 있는 부처님의 가르침을 체험하고 실천한 불자들의 이야기를 진솔하게 풀어내는 나눔의 장이자 회향의 장입니다.

극한의 고통과 난관 속에서, 또는 잔잔한 일상생활 속에서 불자들이 겪은 신해행증信解行證은 신심이 두텁지 않은 불자들에게는 부처님의 가르침으로 인도하는 지남指南이 되어줄 것이며, 아직 부처님과 인연을 맺지 못한 이에게는 삶의 길을 밝히는 지혜의 등불이 되어줄 것입니다.

불자님들이 지극정성을 다해 한 자 한 자 사경하듯이 보내준 신행수기는 현대인의 귀의처이자 발심을 이끌어내는 마중물이었습니다. 기도를 하면서, 수행을 하면서, 순례를 하면서, 일상생활을 하면서 몸으로 마음으로 쌓아 올린 신심과 이에 따른 체험과 가피의 경험들을 들려주고 있습니다. 기도와 참선, 보살행을 통해 쌓아올린 신행수기가 다른 많은 사람들에게 감동으로 전해지는 것은 참다운 보시이자 가르침의 발현입니다.

자승 | 대한불교조계종 총무원장

수행은 기다림으로 완성됩니다

불자들에게 있어서 신행이란 그 어떤 일보다도 더 우선이고 감동적인 삶의 일부입니다. 신행수기의 처음부터 마지막 장까지 그 어느 것 하나 부처님의 말씀 아닌 것이 없고, 부처님 눈물 아닌 것이 없으며, 모든 것이 부처님의 손길이었습니다. 마지막 책장을 넘기며 생각해보았습니다. 삶의 정답은 무엇일까? 여러 번 생각해봐도 지행합일知行合一입니다. 아는 것을 실천하는 것은 쉬우면서도 그것만큼 어려운 것도 없습니다.

세 살 꼬마가 알고 있는 것만큼 실천하는 것은 그 아이 삶의 정답입니다. 이와 같이 불자들에게도 부처님의 가르침을 알고 있는 만큼 실천하는 것이 불자로서의 삶입니다. 세 살 꼬마에게 칠순 노인의 삶을 기대할 수 없고, 칠순 노인에게 청년의 삶을 강요해서도 안 됩니다.

현재는 지나간 과거의 미래이자 동시에 다가올 미래의 역사입니다. 지금 이 순간을 어떻게 보내는가에 따라 우리의 미래와 역사가 만들어집니다. 또한 현재 믿음을 통한 우리의 수행은 기다림으로 완성됩니다. 발심했던 순간의 믿음이 흔들리는 것은 그 누구의 탓도 아닙니다. 조급하지 않게 그 시간을 극복할 수 있다는 믿음을 놓지 않는 굳은 의지가 필요합니다.

우리가 펼치는 이야기들은 치유받지 못한 상처를 가진 이들, 세상에 대한 두려움으로 울타리 밖으로 나오지 못하는 이들, 고통에서 벗어나지 못하고 있는 모든 이들에게 언제나 봄날 새싹 같은 희망이 될 것입니다.

이기흥 | 대한불교조계종 중앙신도회장

신행수기, 수행 현장의 포교 콘텐츠

불자들에게 부처님의 가르침에 대한 믿음은 매우 중요합니다. 부처님의 가르침에 대한 믿음은 부처님을 향한 불자로서의 출발이며 그 자체로 회향을 의미합니다. 불법에 대한 바른 믿음은 수행의 전부라고 할 수 있습니다. 《화엄경華嚴經》에서는 믿음이 모든 수행의 근본이라고 합니다.

> 믿음은 도의 근본이요 공덕의 어머니다.
> 일체의 모든 선법을 자라게 하며,
> 의심의 그물을 끊고 애착의 흐름에서 벗어나게 하여
> 열반의 무상도를 드러내느니라.
> 信爲道元功德母 長養一切諸善法 斷除疑網出愛流 開示涅槃無上道

《열반경涅槃經》에서는 믿음에 대해 이렇게 말하고 있습니다.

> 선남자야, 사람에게 두 가지가 있으니

믿는 자와 믿지 않는 자니라.

보살은 마땅히 알라. 믿는 자는 곧 선善이요,

믿지 않는 자는 선이라 할 수 없음이라.

이러한 믿음을 생활 속에서 수지하고 실천한 삶들을 기록한 것이 신행수기입니다. 우리들이 겪은 극한의 고통과 난관의 삶에서 이를 헤쳐 나올 수 있었던 것이 진정한 가피의 모습입니다. 지극한 신심을 바탕으로 한 수행의 체험으로 '내가 바로 부처'임을 발견한 것입니다.

신행수기 공모가 시작된 이후 공모에 관한 질문을 받는 일이 법보신문의 가장 중요한 업무 중 하나가 되었습니다. 작년에는 "신행수기를 어떻게 쓰는 것인가?"라는 질문이 많았습니다. 신행수기의 내용을 어떻게 구성하고 서술해야 하는지를 제시한 불서가 없었기 때문입니다.

올해에는 "기도 중에 받은 가피加被나 기복祈福 중심에 관한 이야기를 써도 되는가?" 하는 불자들의 질문과 더불어 "부처님오신날 신행수기를 불자들에게 보시할 수 있으면 좋겠다" 하는 요청과 "우리 사찰 자체적으로 신행수기를 모아 포교를 위한 불서로 만들 수 있는가?" 하는 스님들의 문의가 많았습니다.

불자와 스님들의 질문에서도 알 수 있듯이 신행수기는 그 자체만으로 '포교 콘텐츠'로서의 역량을 충분히 갖추고 있습니다. 기도와 정진 중에 겪은 가피와 수행에 관한 불자들의 체험담이 우리 모두가 공감할 수 있는 불서로 손색이 없기 때문입니다.

첫 신행수기 공모 수상작을 엮어 출판한 《나는 그곳에서 부처님을 보았네》는 지난 1년 동안 대형서점의 주요 판매대를 지켜왔습니다. 이 책이 오랜 기간 동안 판매대를 지켜온 점은 불자들이 그만큼 많은 관심을 가졌다는 것을 의미합니다.

우리나라의 전통 사찰들은 천년 고찰로 창건 설화와 가피에 관한 전설을 간직하고 있습니다. 대개 이들 사찰은 사사寺史를 기록한 안내 자료집이나 책자를 구비하고 있습니다. 그러나 오늘날 불자들의 신행이나 정진, 수행에 관한 이야기를 함께 엮은 불서를 간직한 도량은 거의 없는 실정입니다.

여러 스님들이 《나는 그곳에서 부처님을 보았네》를 탐독한 후 사찰이 간직한 옛 설화와 그 사찰의 도량에서 기도하고 정진하는 불자들의 신해행증을 함께 담아냈으면 좋겠다는 바람을 전해오기도 했습니다. 이렇듯 신행수기 공모는 불자들의 기쁨을 나누는 축제의 장이자 발심을 공유하는 포교의 장으로 거듭나고 있습니다.

불자들의 이야기가 많은 사람들의 아픔을 치유하고 행복한 삶으로 나아가는 밑거름이 되기를 바라며, 참여한 많은 분들에게 감사드립니다.

남배현 | 법보신문 대표

차례

일러두기

1. 이 책은 대한불교조계종 제2회 신행수기 공모 당선작을 법보신문 편집부에서
엮어 낸 것입니다.

2. 각 장의 서두에 실린 시는 서산대사의 《선가귀감禪家龜鑑》에서 가려뽑은
선어禪語입니다.

희망을 가져라
희망의 결과는 행복이니라
저 새들까지도 언제나 바라면서
그 희망에 충만해 있으니
비록 그것은 멀고 오래더라도
끝내 희망은 이루어지리라

본생경

한 번 진심을 일으키면 백만 장애의 문이 열리고

생각에 휘둘리지 않는 것이 해탈

마음을 비우고 스스로 비추어라

간절한 마음으로 깨달음을 얻으리라

제1부

사자의 위엄으로 거닐다

어떤 사람이 와서 나를 해롭게 하더라도

마음을 잘 다스려 성내거나 원망하지 말라.

한 생각 분노를 일으키면

백만 가지 장애의 문이 열린다.

有人來害 當自攝心 勿生瞋恨 一念瞋心起 百萬障門開

한 번
진심을 일으키면
백만 장애의
문이 열리고

청담 김호준

불지종가佛之宗家 통도사通度寺 아래에서 십칠 년째 고등학교 교사의 길을 걷고 있다. 학교에서는 학생부장 소임을 맡고 있다. 아이들을 올바른 길로 이끄는 교내 선도 프로그램을 운영하면서 수요일에는 통도사 일주문을 지나 무풍한송舞風寒松 길을 걸어 부처님 전에 절을 올리는 시간을 넣었다.

　소년들을 데리고 통도사로 향했다. 학교에서 통도사까지 가는 것도 만만한 일은 아니다. 이들이 통도사 대웅전 부처님 전에서도 이러면 어쩌나, 다른 신도들에게 방해가 되지 않을까 걱정이 앞선다. 이런저런 사연으로 배배 꼬여버린 소년들에게 부처님을 소개해주고 싶었다. 부처님 전까지 데리고만 가면 달라질 것이라는 믿음이 있었다. 부처님을

만나 달라진 경험이 나에게 있었기 때문에 그들에게도 큰 재산을 안
겨주고 싶었다.

작은
부처를 위해

과연 부처님이었다. 대웅전 안에서 학생들이 사라졌다. 교실에서 삐딱
하게 앉아 선생님에게 반항하던 아이, 징계 기간에도 담배 피우다가 적
발된 아이, 무풍한송 길에서 제대로 걷지도 못하던 아이, 대웅전 들어
서기 전까지 날 선 눈빛으로 원망하던 학생들은 더 이상 없었다. 포단
위에 신심 가득한 보살님들 따라 절하는 작은 부처들만이 있었다.

   삼십 년 전 부처님을 만나고 다시 꿈을 찾은 나의 모습이 되살아났
다. 나는 고등학교 시절 공부를 못했다. 부처님의 가피로 십칠 년째 책
상 유리 아래에 《반야심경般若心經》을 펼쳐놓고, 책꽂이에는 《금강경金
剛經》을 두고 교사의 길을 걸어오고 있다. 오랜만에 고등학교 동기들을
만나면 뭐하며 지내냐고 묻는다. 고등학교 교사를 한다고 하면 이구동
성으로 "니가아?" 하며 끝말을 길게 빼며 되묻는다. '고등학교 시절 공
부를 포기했던 네가 어떻게 학교 선생님을 하고 있다는 말이냐?' 그런
뜻이다. 나는 '고등학교 시절 못났던 내가 교사를 한다. 학생들에게 부
처님을 소개하며 지낸다'고 말한다.

소년,
늪에 빠지다

1985년 3월 초 경상남도 진주에 있는 고등학교에 입학을 했다. 진주는
연합고사 적용지구로 그 당시 입학시험 커트라인이 높았다. 서부 경남
각 중학교에 열심히 한다는 소년들은 다 모여들었다. 소년도 초등학교
입학 후 중학교까지 반장, 부반장 소임을 수행했다. 책임감 있게 임무
를 행한다는 담임 선생님들 의견도 늘 성적표 한 부분을 차지했다. 동
네 어른들도 소년의 일거수일투족을 보며 높은 기대를 하는 편이었다.

  1985년 3월 16일 토요일 10시 05분 2교시. 늪이 소년을 삼켰다. 이
지역에서 공부를 열심히 한 축들이 입학 후 친해진 시점이었다. 부푼
꿈을 안고 각지서 모인 소년들이 주말을 맞아 수업 시작 전 떠들고 있
었다. 수업에 들어온 교사가 조용히 하라고 두세 차례 고함을 질렀다.
소년 뒤에 앉은 산청에서 온 소년이 불렀다. 소년이 돌아보았다.

  "고개 돌린 너, 나와."

  나가면서 최소 5대는 맞겠다는 생각을 했다. 그 시절엔 그랬다. 교사
들이 체벌하는 것은 다반사였고, 학생은 자신이 왜 맞는지 이유조차
생각하지 않고 맞던 시절이었다. 소년의 뺨으로 교사의 손바닥이 날아
들었다. 1대, 2대 3대, 4대, 5대… 끝난 줄 알았다. 6대, 7대… '이건 아
닌데'라는 생각이 들었다. 뺨이 부풀어 오를수록 자존감은 점점 가라
앉고 있었다. 스무 대가 넘어가도 체벌은 끝날 줄을 몰랐다. 결국 58대
까지 이어졌다. 소년의 꿈이 바닥으로 산산이 부서져 흩어지고 있었다.

소년의 가슴에 품었던 꿈이 눈물이 되어 찐득하게 녹아내리고 있었다. 교실은 조용해졌다. 소년은 흘러내리는 것을 훔치며 자리로 돌아왔다. 아이들과 만난 지 2주일밖에 되지 않았는데 다른 소년들 앞에서 만신창이가 되었다. 부끄럽고 두려웠다. 소년의 머리를 부셔버릴 듯이 이어 졌던 길고 긴 따귀 세례가 지나간 후 소년은 더 이상 이전의 소년이 아니었다.

소년의
꿈

소년은 서울대학교 축산학과에 입학해서 박사 과정을 수료하고 국립 종축원에서 일하고 싶었다. 우리나라를 축산대국으로 만들겠다는 포부가 있었다. 초등학교 시절 동네에는 소년의 또래가 없었다. 노파들을 따라 들로 산으로 가 나물을 캐거나 나무를 하러 갈 때 따라다니는 것이 놀이였다.

　친구 중엔 닭도 있었다. 봄이면 병아리를 사서 길렀다. 어미닭이 부화하여 병아리를 관찰하는 것이 놀이였고, 취미였고, 공부였다. 가금家禽, 중소가축, 대가축에 관한 교과서를 구해 읽었다. 인근 농업고교생들이 보는 그것들이 소년에겐 동화책이었다. 농고 실습장을 방문하여 농고생들이 가축을 기르는 현장을 지켜보는 것이 일상의 한 부분이었다. 도시인 진주로 고등학교에 진학한 것도 서울대학교 축산학과 진학을 향한 여정의 일부였던 것이다. 그런데 그 길이 끊긴 것만 같았다. 자기의 잘못도 아닌데 무자비하게 내려치는 따귀를 맞고서 학교생활을 어떻게 해야 하는 것인지 깜깜하기만 했다.

학교에 있는 것이 두려웠다. 소년은 가방을 들고 교문을 나섰다. 찾아간 곳은 어릴 적 축산학도의 꿈을 키웠던 고향의 농고 실습장이었다. 실습장에서 여물을 되새김질 하고 있는 소, 어릴 적부터 그렇게 좋아했던 닭들도 위로가 되지 못했다. 모든 것이 무너져내리고 말았다.

귓가를 맴도는
환청

학교로 돌아왔지만 의지할 데가 없었다. 위로도 치유도 없었다. 소년은 공부를 해야 할 이유도 찾지 못했고, 자신을 추스릴 의지도 잃었다. 그저 숨만 쉬는 상태가 된 것이다. 학교 주변에는 재수생과 삼수생들이 있었다. 중학교를 졸업한 후 바로 고등학교에 진학하지 못한 아이들이었다. 그들은 학원에 다니며 재수, 삼수 준비를 했는데 이미 머리가 큰 아이들은 청소년들이 노출되지 않아야 할 환경까지 아우르며 어른의 일탈을 경험하고 있었다. 이 중생들은 유흥비가 필요했다. 집에서 식비로 받는 돈은 다른 데 써버리고 학교에 와서 소년의 도시락으로 배를 채웠다. 쉬는 시간에는 자신들과 같은 중학교를 졸업한 아이들을 교실로 불러 도박을 했다. 그들의 기세에 눌린 소년들은 어쩔 도리가 없었다.

그들은 축구 도박에 소년들을 이용하기도 했다. 다른 반과 내기 축구를 하여 자기가 돈을 걸고 이기면 그 돈을 다 차지하며 소년들의 노력을 가로채기도 했고, 지는 날엔 상대편 반에게 돈을 주지 않는 수법을 사용하기도 했다. 자신들의 요구에 응하지 않는 소년들은 세면장으로 불러 린치를 가했다. 부모님 품을 떠나 청운의 꿈을 간직한 소년들이었다. 린치를 가하는 녀석들은 숫자가 늘 많았다. 이성과 합리를 아는 소년은 그들의 위세가 두려웠고, 울분을 느꼈다. 그런 날이면 자신의 뺨을 후려치던 58번의 소리가 환청이 되어 귓가를 때렸다.

학교 측에선 그런 사실을 몰랐다. 그 시절엔 학생들도 학교 측에 피해 사실을 신고하는 것도 몰랐다. 자율학습 참가 인원이, 다른 학교보다 서울대학교 입학생 숫자가 많은 것이 중요했다. 학교의 모순을 지켜보는 것도 고苦였다. 소년은 고해苦海가 된 학교가 점점 두려워졌다. 저멀리 달아난 교과 진도 역시 두려웠다. 의미 없이 자율학습 머릿수를 채워야 하는 현실이 두려웠다. 야간에 교사들이 빠져나간 자리에 권력자로 군림하는 재수생, 삼수생이 두려웠다. 귓가를 맴도는 체벌의 환청이 떠나지 않아 괴로웠다. 그 소리는 소년이 어른이 되어 군대에 입대한 후에도 들려왔다. 병영생활을 하면서도 혹시 모를 운명의 손찌검을 당할까 노심초사했다. 그뿐이던가. 직장에 들어와서도 몇 년 동안은 새학기가 되면 으레 그 환청이 들려와 몸을 사려야 했다.

부처님,
늪을 말리다

학업을 포기한 지 1년 반, 소년의 키는 180센티미터까지 자랐다. 그런데 몸무게는 58킬로그램에 그쳤다. 말라버린 몸은 말라버린 소년의 심리 상태를 대변하고 있었다. 다른 아이들이 두꺼운 수학 정석 참고서를 몇 번이나 반복하고 있을 때 소년은 숨이 멎는 순간을 궁리하고 또 궁리했다. 그 시간에 소년의 어머니는 아들을 위해 부처님 전에 기도하고 또 기도했다.

세상에 자신이 정말 하고 싶은 일이 있는데, 할 의지를 잃어버리고도 기쁜 사람이 있을까? 꿈이 없었던 사람이라면 모르지만 아주 어릴 적부터 꿈을 가슴에 심고, 물 주고, 거름 주고 실하게 키웠던 사람이 더 큰 꿈을 꾸기 위해 노력했다가 가지가 부러진 채 뿌리마저 썩어가는 상황.

고등학교 2학년 여름방학 보충수업에 참석하지 않은 날, 새처럼 작은 체구의 어머니 뒤를 어깨도 펴지 못하고 고개 숙인 소년이 따르고 있었다. 말수를 잃은 소년의 얼굴은 바닥으로 추락한 성적, 고해로 변한 학교, 괴물과 같은 재수생, 삼수생들의 횡포로 인해 포기한 자의 비애만을 간직한 채 어머니를 따라 절을 향하고 있었다. 세상 만물이 자신을 외면하고 자신은 더 이상 가치 없는 존재라는 생각이 머릿속을 꽉 채운 나날을 보냈다. 자신을 그렇게 만든 사람들에 대한 원망, 세상에 대한 부정만이 가득했던 것이다.

어머니와 도착한 운홍사. 갈맷빛 산 위에 있는 하얀 바위가 소년을 보고 웃었다. 현실의 모든 것이 예리한 칼날로 변해 자신을 향하는 것 같은 고통에 시달렸다. 고등학교 입학 후 꿈이 녹아 흘린 상처가 아물지 못하고 덧나고 고름이 나고, 늪에 빠진 팔과 다리는 지쳐 나올 의지를 상실한 소년을 바위가 지켜보고 있었다. 바위가 웃었다.

어머니는 법당에 들어온 소년에게 부처님 전에 삼배를 올리라고 했다. 소년은 절을 했다. 부처님도 소년을 향해 웃었다. 포단에 얼굴을 묻은 소년은 고개를 들지 않았다. 두려움에 포위된 소년의 등이 들썩거리고 있었다. 58대의 환청이 울리고 있었다. 운명의 손찌검은 소년의 등을 들썩이게 만들었던 것이다. 남들처럼 가방 들고 다니며, 도시락 먹고, 수학 정석, 성문종합영어를 들고 씨름해야 하는데 출발선에서 주저앉아버린 자신이 불쌍했다.

어머니도 포단에서 일어나지 않았다. 아들의 잃어버린 고등학교 생활, 늪에서 옴짝달싹하지 못하는 팔과 다리, 생기를 잃은 아들의 얼굴을 마주하는 어느 부모가 서럽지 않으리.

부처님을 만난 후 소년은 자신과 남과 세상을 향해 드러냈던 이빨을 감출 힘을 얻었다. 58대의 환청도 들리는 횟수가 줄었다. 무릎을 꿇고 눈물로 진주를 빚어 부처님 전에 올리는 어머니를 본 후 함께 입학한 동기들과 같은 날 교문을 나서야겠다는 생각을 하게 되었다.

어머니 눈물은
진주가 되어

1988년 2월 13일 졸업장을 받았다. 어머니는 인문계 고등학교를 졸업하고도 대학조차 못 간 아들 졸업장이 그렇게 좋았다고 한다. 고등학교 시절, 나는 마라톤 출발선에 서서 일어날 생각도 하지 못하고 앞서 간 사람들이 일으킨 먼지를 뒤집어쓰고 엎어져 있었다. 부처님 전에 눈물로 기도를 하여 진주珍珠로 돌아온 아들의 졸업장이 대견하고 좋았던 것이다.

어머니도 당신 아들이 고등학교 입학 전까진 부처님을 몰랐다. 아들에게 환청이 생긴 이후 부처님을 만났다. 모자母子 모두 부처님을 만나 후유증을 벗어난 것이다. 세상 부모들은 남보다 앞서가는 자식을 기대할 것이다. 낙오자가 되고 포기자로 머무는 자식을 지켜보고 싶은 부모는 세상에 없을 것이다. 어머니는 출발선에서 쓰러진 아들이 남들이 반환점을 돌 때에야 일어섰지만 포기하지 않고 결승선을 통과한 그 자체로 기뻤던 것이다. 우여곡절의 고교 졸업생이 교문을 나서면서 어머니에게 말했다.

"옴마, 내 다음에 이 학교 교생으로 꼭 올끼다."

"그리 해라." 어머니는 대답은 했지만, 아들의 말을 농담으로 여기는 기색이었다. 소년에게 다른 꿈이 생긴 것이다. 학교생활에 적응하지 못하고 꿈을 잃고 방황하며 어렵게 결승선을 통과한 경험을 살려 학생들에게 진정하게 도움을 주는 교사가 되고 싶은 꿈이 생겼다. 꿈이 무너진 곳에서 다른 꿈의 씨앗을 간직하고 온 것이다.

재수를 했다. 고3까지 묵혔던 머리를 쓰기 시작했다. 친구를 끊었다. 당구를 배우지 않았다. 여학생 반 쪽으로 고개를 돌리지 않았다. 1998년, 꼭 10년 만에 교문을 나오면서 어머니와 한 약속을 지켰다. 꿈을 잃어버린 곳에서 교사가 되겠다는 다른 꿈을 키운 끝에 다시 그곳으로 교생실습을 나갔다.

1999년 봄, 보습학원 강사를 하며 임용고시를 준비하고 있었다. 학원 가는 길에 절이 있었다. 산길로 가면 집과 학원 사이의 거리를 반으로 줄일 수 있고, 시간도 절약하여 공부할 시간을 확보할 수 있었다. 조금 힘들더라도 산길을 오르내렸다. 집에 돌아오는 길에도 절에 들렀다.

'소생의 염원, 운명의 존재를 깨치기도 전에 맞아 비틀거렸던 경험을 바탕으로 내공을 길러 어린 영혼들의 손을 잡아주는 존재로 살고 싶습니다.' 간절히 소원을 빌었다.

'미래의 학생들에게 자아를 긍정하고, 타인을 긍정하고, 삶을 긍정하고, 자신이 가치 있는 존재임을 깨닫고 작은 성취를 쌓아가는 삶을 들려주는 교사가 되겠습니다.'

원력의
선생님

나이 31세였다. 임용고시 합격을 장담할 수 없었다. 염원念願만은 용맹

했고 독했다. 교사가 되어 행해야 할 목표만은 뚜렷했다. 어머니의 기도도 멈출 리가 있었겠는가. 그해 8월 현재 근무하는 학교에서 교사를 모집한다고 대학교로 연락이 왔다. 교사로 근무할 수 있다면 달나라라도 갈 원력願力을 세우고 있었던 나였다. 이력서를 제출하고 온 날 꿈에 성철 스님이 누더기 장삼을 걸치고 우리 집으로 들어오시는 것이었다. 17년이 지난 지금도 그날 들었던 스님의 말씀은 또렷하게 들리는 것 같다.

"스님, 반갑심니더. 우짠 일로 우리 집에 다 오심니꺼? 그란데 지는 해인사 안 가봤심니더, 학원 가는 길에 조그만 절에서 선생 할끼라고 매일 절하고 있심니더."

"야! 이 노마아-야 부처님만 배우모 되지 해인사 꼭 와야 되나?"

삼천배를 해도 친견할 수 있을까 말까 한 성철 스님을 뵌 것이다. 성철 스님을 친견했는데 교사가 되지 않을 수 있었겠는가. 내 기도는 간절함이자 희망이었다.

1999년 9월 13일 교단에 처음 선 날의 환희심은 17년이 지난 지금도 잊히지 않는다. 교사가 된 후 해인사 성철 스님 부도탑을 찾았다. 비가 내리는 늦가을이었다. 부도탑 바닥에 빗물이 있었지만 어찌 신을 신고 올라 절을 할 수 있을까. 신을 벗고 단으로 올라가 성철 스님께 절을 올렸다. 양말에 빗물이 스며들고 무릎이 젖었다. 성철 스님께 굳게 다짐을 했다.

'선생 노릇 잘 하겠심니더.' 마음속으로 읊조리면서 절을 했다.

부처님의 가피로 불지종가 아래에서 교단에 서게 되었다. 초심初心이

흔들릴 때면 부처님 전에서 용맹하게 염원들을 실천하는 교사로 살고 있는지 자문해본다. 그리고 항상 기도한다.

'부처님 교사가 되게 해주셔서 감사합니다.'

올해는 30년 전으로 돌아가 소년을 안고 볼을 쓸어주며 잘 견뎠노라고, 그 시절 겪은 아픔은 진짜 너의 길을 가기 위한 소중한 공부였다고 말하고 싶다.

마음이 일어나지 않는 것이 불생이고,

마음이 일어나지 않는 것이 무념이요,

무념이 곧 해탈이니라.

見境心不起 名不生 不生 名無念 無念 名解脫

생각에
휘둘리지
않는 것이
해탈

연화심 김하린

어릴 적 엄마의 염불 소리는 나의 자장가였다. 엄마를 따라간 법당에서 열심히 절하는 엄마의 모습을 보고 흉내 내다 지쳐 잠에 들었던 나의 어릴 적 이야기로 시작해보려 한다.

걸을 수 있을 때부터 엄마를 따라 절에 다녔고 불교 재단 유치원에 다니면서 자연스레 불교를 접하면서 커왔다. 고등학교 3학년 때 야간 자율 시간에 선생님 몰래 읽던 〈불광〉지에서 불교 상담 심리에 대한 글을 읽게 되었다. 그 뒤 오로지 불교학과를 가기 위해서 공부를 했고, 대학도 불교학과에만 지원했다. 그리고 마침내 내가 원했던 동국대학교 불교학과에 합격했다.

생각과 다른
현실

엄마 따라 다닌 절과 어렸을 적 유치원 원장스님은 친숙하고 푸근한 이미지였는데 막상 대학교에 들어오니 모든 것이 새롭고 어렵기만 했다. 처음 보는 용어, 어렵기만 한 한문, 공부해도 모르겠는 전공과목에 지쳐 어느 순간 그렇게도 원했던 불교학과에 진학한 것을 후회하고 있었다. 그러다보니 점점 전공 공부와는 멀어지게 되었다. 입학을 했으니 다녀야 한다고 꾸역꾸역 학교를 오가는 어느 순간 삶에 아무런 의욕이 없는 나를 발견하게 되었다. 삶에 의욕이 없으니 내 자신에게도 관심이 없는 것은 당연했다. 여자지만 꾸미는 것에도, 친구들과 어울리는 것에도 흥미가 없었다. 하다못해 흔한 취미 하나 없었다. 세상 모든 일에 아무 관심도 욕심도 없이 그저 숨만 쉬고 살고 있었던 것이다.

전공 점수는 어디에 내놓고 말할 수도 없이 형편없어졌다. 정작 심각한 문제는 건강이었다. 몸무게가 20킬로그램이 넘게 불어버린 탓에 건강상태는 엉망이 되어 있었다. 고민 끝에 부모님과 상의를 했고 결국 휴학을 결정했다. 학교와 전공, 그리고 학교에 진학한 후 만났던 모든 인연들에 대해 아무런 욕심도 미련도 없었다. 그냥 도망치듯 학교를 떠나 본가로 왔다.

명상을
접하다

본가에 왔으나 내 마음이나 몸 상태는 변한 게 없었다. 변해야 한다는
건 알았지만 생각뿐이었고 변해야겠다고 굳게 마음을 먹어도 쉽지 않
았다. 2년가량을 스스로를 방치한 채로 아무 관심도 주의도 주지 않다
보니 어떻게 해야 할지 막막했다. 불어버린 내 몸이 보기 싫었다. 다른
사람들한테 이런 모습을 내보이는 것도 부끄러워서 아무도 만나지 않
고 최대한 집에서만 지냈다. 그렇게 얼마를 더 보냈을까. 문득 더 이상
이렇게 지낼 수만은 없다는 생각이 들었다.

휴학하기 전 수강했던 불교 상담 심리 과목 중에 '명상'이 있었다. 나
는 내가 배웠던 명상 중에서 '자애명상'을 해보기로 마음먹었다. 자애
명상을 선택한 이유는 지금 내게 가장 필요한 것은 내 자신을 아껴주
고, 사랑해주고 있는 그대로 받아들이는 일이라고 생각했기 때문이다.
자애명상은 위빠사나 명상의 일부분으로 내 자신뿐만 아니라 타인, 즉
모든 존재의 행복을 빌어주어 자애로운 마음이 습관이 되도록 하는
것으로, 첫 단계는 내 자신을 사랑해주고 있는 그대로 바라봐주는 것
으로 시작한다.

처음부터 고난이었다. 내 자신을 그대로 보는 것부터가 힘들었다. 길
을 나가기만 해도 다들 나만 쳐다보는 것 같아서 낮에는 밖에 나가지
도 못했다. 새로운 누군가와 눈을 맞추고 이야기하는 일이 이렇게 어려
웠나 싶을 정도로 내 자신을 미워하고, 인정하지 않으며 살아왔다. 그

런데 한순간에 내 자신을 사랑하고 그대로 받아들이라니… 불가능하다고 생각했다. 점점 자신이 없어졌다.

그래도 매번 내 자신에게 '괜찮다, 다 괜찮다'라고 다독였고, 내가 정신적으로도 육체적으로도 건강하고 행복했으면 좋겠다는 생각을 하려고 노력했다. 그렇게 매일 매 순간 생각하고 내 자신에게 말을 하며 한 달 정도가 지나니 조금 용기가 생겼다. 내 자신을 좀 더 가꾸고 싶어졌다. 그래서 살을 빼려고 난생 처음으로 헬스장에 등록하였는데 이것이 내가 생각하는 나의 첫 번째 변화였다.

부대끼며
배운다

무의미하게 하루하루를 살다가 내 자신에게 온 주의를 기울이고, 매 순간 내 자신을 격려해주는 말을 하면서 스스로를 사랑하는 마음이 들고, '나도 한 번 해볼까' 하는 용기가 생기기 시작했던 것 같다. 운동을 시작하고 몇 달 지나지 않아 점점 살이 빠지면서 자신감이 생겼다. 살이 빠지니 예전에 비해 사람을 대할 때 좀 더 여유 있게 행동할 수 있었다. 용기를 내어 아르바이트를 시작했다.

막상 아르바이트를 하고 보니 여러 사람들을 만나고 또 그 속에서 같이 지내면서 많은 어려움을 겪었다. 특히 인간관계에서 굉장히 많은 상처를 받았다. 누군가와 문제가 생길 때마다 그것에만 사로잡혀 다른 일에는 전혀 집중을 하지 못했다. 용기를 내어 어렵게 시작한 일이지만 신경을 너무 많이 쓴 나머지 위장장애나 두통을 겪으며 정신적으로나 육체적으로 힘들게 보내고 있었다.

어느 날처럼 아르바이트를 가는 길에 문득 '그 사람이 오늘은 행복했으면 좋겠다. 그러면 나에게도 인자하게 대해주겠지. 그 사람이 오늘 정말 즐거운 일만 있었으면 좋겠다. 그러면 나에게도 화를 덜 내겠지'라는 생각이 들었다. 그날 저녁부터 이젠 내 자신을 위해서가 아니라 다른 사람을 위해서 자애명상을 하기 시작했다. '그 사람 혹은 다른 사람이 행복하기를, 그 사람 또한 정신적으로나 육체적으로 평안하기를, 그 사람도 고통에서 벗어나기를.' 이렇게 명상을 하고 자면 정말 신기하게도 다음 날 그 사람 얼굴을 보는 것이 덜 힘들었다. 나에게 아무런 이유 없이 상처 주는 말을 하든, 화를 내든 이상하게 나는 화가 나지 않았다. 그저 '내가 좀 더 그 사람을 위해서 기도를 해야지, 명상을 해야지'라는 생각만 들 뿐이었다.

내가 먼저 상대방을 대하는 방식이 바뀌니 상대방도 점점 나를 대하는 태도가 바뀌었다. 이제 나의 명상은 어느 특정한 사람을 넘어서 세상의 모든 사람들이 육체적으로나 정신적으로나 평안하기를, 오늘 하루 아무 탈 없이 행복하기를, 고통으로부터 벗어나기를 기도한다.

생각에 휘둘리지 않는 것이 해탈

그저
있는 그대로

분명히 다른 사람들을 위해서 기도하는 것인데 내가 변하고 있었다. 예전 같았으면 예민하게 반응하며 스트레스 받았을 일도 '그럴 수도 있다, 그나마 다행이다' 하는 생각이 들면서 화가 나지 않았고, 이런 일들이 반복되면서 내 삶은 변하고 있었다.

언제나 미간이 찌푸려져 있던 내 표정은 나도 모르게 미소가 지어져 있었고, 자신감 없이 고개를 떨구고 다니던 내 걸음걸이 또한 세상 하나하나에 주의를 기울이며 걷고 있었다. 그렇게 사람들을 대하다보니 아르바이트하는 곳에서도 나를 좋게 봐주기 시작했고, 실적도 좋아지면서 나의 상황은 점차 좋아졌다. 학교를 다닐 때는 느끼지 못했던 내 자신을 위한 공부를 하고 싶다는 생각이 간절해졌다. 도망치듯이 떠나왔던 학교에서 전공 공부를 다시 제대로 하고 싶었다.

일 년 휴학 기간이 끝나자마자 바로 복학했다. 휴학을 결정했을 당시만 해도 일 년 후의 내 모습이 이렇게 변하리라고는 상상조차 할 수 없었다. 내 자신을 먼저 있는 그대로 바라봐주고, 인정해주고 사랑해주니 점차 내 자신에게 주의를 기울일 수 있었다. 그 다음은 내가 아닌 다른 사람을 있는 그대로 받아들이고 그들 또한 늘 행복하고, 고통으로부터 벗어나기를 기도하니 그들이 바뀌는 것이 아니라 내가 그들을 대하는 방식이 바뀌면서 내 삶이 변했다.

저녁을 먹은 후 엄마와 집 앞 공원을 산책하는데 엄마는 조심스레 2

년 전 나의 이야기를 꺼냈다. 이렇게 변할 줄 몰랐다고, 그때의 나를 보고 엄마조차 어떻게 도움을 줘야할지, 어떻게 변화를 시켜야할지 도저히 답이 없다고 생각했었다고 말이다. 나는 그저 다른 말없이 그때 이야기를 웃으면서 편하게 할 수 있음에 감사하다고 답했다.

어떤 결정적인 것이 단번에 나를 변화시키지 않았다는 것을 나뿐만 아니라 엄마도 알고 있다. 그저 처음에는 내 자신을 있는 그대로 인정해주고 받아들이고 사랑해주고, 그 다음에는 내가 아닌 다른 사람들을 위해서 명상하고 기도하는 것이 말처럼 쉽고, 약처럼 빨리 효과를 보는 방법은 아니지만 그 어떤 방법보다 내게 도움이 되었고, 그것이 차근차근 쌓여 지금의 나를 만들었다.

그때만큼은 아니지만 난 아직도 자애명상을 한다. 물론 나를 위해서이기도 하지만 내가 아닌 다른 사람들 또한 행복하고, 평화롭기를 기도한다. 그리고 이렇게 일 년, 일 년이 쌓이고 쌓여 10년 후의 나를 기대한다.

생각에 휘둘리지 않는 것이 해탈

모름지기 마음을 비우고 스스로 비추어서

한 생각이 인연 따라 일어나지만

본래 생겨남이 없는 것임을 믿어야 한다.

須虗懷自照 信一念緣起無生

마음을 비우고
스스로 비추어라

수현 권수현

불교를 처음 만난 것은 중학교 다니던 시절이었다. 어머니와 함께 절에 갔는데 불명이 붓글씨로 쓰인 종이를 스님께 건네받으면서 불교와의 인연이 시작되었다. 그 불명을 받은 것이 내 의식 깊은 곳에 남아서 나를 불자의 삶으로 이끄는 계기가 되었던 것 같다.

그렇게 막연하게 불교는 절, 스님, 불명의 이미지로 자리하기 시작했던 것 같은데, 내가 본격적으로 발심을 하게 된 것은 대학에 가서 기숙사 룸메이트였던 친구를 만나게 되면서였다. 그 친구네는 할머니 때부터 3대가 독실한 불자 집안이었고, 그 친구의 친구들 중에는 서울대 불교학생회 활동을 하는 친구들도 있었는데, 원효의 《대승기신론大乘起信論》을 읽고 토론을 할 정도로 의식이 있었다. 그때 자극을 많이 받아서 그 친구들의 수준을 따라가고자 불교 서적을 읽기 시작했다.

다른 세계로의
초대

그 친구들을 통해서 스님을 알게 되었다. 친구들은 청년회에서 송광사
로 수련회를 가는데 함께 갈 수 있도록 배려해주기도 했다. 수련회 가
는 길에서부터 송광사에 대해 강한 인상을 받았는데, 입구에서부터 지
금까지 알던 세계와는 다른 세계로 들어가는 것처럼 내 눈과 귀와 모
든 의식이 열리면서 정화되는 느낌을 받았다.

　송광사 누각에서 구산 스님께 마음 법문을 들었다. 사찰에서 진행된
발우공양, 백팔배, 참선수행 등의 수련 일정을 통해서 막연하게 알던
불교에 대해 직접적으로 체험하게 되면서 빨려들어가듯 불교에 심취하
게 되었다. 그 후로 불교의 기본교리를 알고 싶어 책을 찾아 읽기 시작
했다. 그러던 차에 오며 가며 참배하던 조계사 법당에서 그 당시로선
유일한 참선 수행 단체였던 수선회修禪會의 법회에 참여했다. 진제 스
님, 숭산 스님, 정일 스님 등 기라성 같은 큰스님들의 법문을 들으면서
커다란 환희심을 느끼고는 전공보다도 불교 공부에 더 심취해 있던 시
절이었다.

　그렇게 3년 정도를 매주 법회에 참석하고 수련회에 가서 용맹정진
수행도 해보았다. 잠이 쏟아져 잠과의 사투를 벌여야 했지만, 이상하게

절에 가서 수행을 하고 있으면 마음이 편해지고 안정되었다. 그때 지인의 소개로 백운암에 계신 서옹 스님을 만나 뵙게 되고 본격적으로 참선 수행을 하면서 가르침을 받을 수 있었다. 불명과 화두를 받고, 점안도 해주셔서 집에 작은 불상을 모시고 매일 예불을 드리며 지금까지 불자로서의 삶을 살아가고 있다.

인생의
지침이 된 스승

그 당시만 해도 남들이 보기에는 내가 아무 걱정 없는 사람처럼 보였을지 모르지만 아버지 사업이 잘 안 되어서 형편이 예전만 못하고 나의 장래에 대한 걱정으로 고민도 많았다. 그런데 나는 취직이나 결혼 같은 현실적 문제에는 별반 관심이 없었고 불교에 심취해서 출가하고 싶은 생각에 강하게 사로잡혀 있던 시절이기도 했다.

　세상과 관련된 다른 일은 별로 진전이 없었는데 불교와 관련된 일은 수월하게 진행되었다. 대학을 졸업한 지도 한참이 지나고 대학원에서 하는 전공 공부도 흥미가 없어서 휴학을 하던 차에, 참선 수행을 해보았으니 이제는 불교철학을 공부해보고 싶다는 마음이 들어서 별로 기대하지 않고 대학원 시험을 보았는데 합격을 했다. 그때부터 불교와 떨어질 수 없는 인연이 내 인생에 시작되었다.

　무엇보다도 나는 스승 복이 참 많은 것 같다. 큰스님들을 가까이서

뵙고 법문을 들으며 참선 수행을 할 수 있었고, 불교를 체계적으로 공부하고 싶은 마음에 대학원에 가서 불교학도 공부할 수 있었으니 말이다. 불교철학을 공부하다보니 차츰 참선 수행과 멀어지는 것 같아 안타깝던 차에 어느 날 지인의 권유로 한 권의 책을 소개받아 읽게 되었다. 《양치는 성자聖者》였다. 편양언기鞭羊彦機 선사의 행적을 그린 책인데, 나는 이 책을 통해서도 스승을 만나게 되었다. 신심이 느슨해지면 이 책을 꺼내어 읽곤 한다. 이 책은 백운 스님이 《편양당집鞭羊堂集》에서 편양 선사의 행적과 일화를 가려 뽑아 쓴 책이다. 서산 스님의 제자들 중에 사명대사에게는 교教를, 편양 선사에게는 선禪을 전수하였다. 한국불교계에서 조계종을 포함한 17개 종단의 스님들 중에 95퍼센트 이상이 편양 선사의 문손이라고 하니, 서산대사의 막내 제자로 의발衣鉢을 전수받은 편양 선사의 법력이 얼마나 대단한가를 알 수 있다.

편양 선사는 '이 뭣고?'를 뇌이면서 평양 성내를 누비고 다녀 '이먹고 노장'으로 불리기도 했다는데, 바로 우리들도 널리 알고 있는 '시심마是甚麼' 화두話頭이다. 깨달음 후에 보림保任으로 전란 후에 오갈 데 없는 고아, 걸인, 병자들을 돌보며 수행과 교화의 행적을 펼치셨다. 이러한 편양 선사의 행적을 통해 나 역시 깨달음과 회향의 구도행을 실천할 것을 다짐하였으며, 선사의 보살행은 지금 내가 하고 있는 복지활동의 사표로 생각하게 되었다.

왜
불교인가

나는 지금 전공인 복지와 불교를 접목해서 학문과 실천을 병행하며 불교와 떨어질 수 없는 인생을 살고 있다. 다른 사람들과 마찬가지로 나역시 지금까지 살아오면서 경제, 건강, 사람과의 갈등으로 인한 현실적인 문제에서부터 인생에 대한 고민에 이르기까지 여러 번의 고비가 있었다.

중학교 때 자아의식이 생기기 시작하던 시절부터 인생이 무엇인지, 왜 살아야 하는지에 대해 막연한 의문을 갖게 되었는데, 부처님의 '화살의 비유'로부터 해답을 찾을 수 있었고, '왜 살아야 하는가'보다도 '인생을 어떻게 살아야 하는가?' 하는 점이 더 중요하다는 사실을 불교를 통해서 알 수 있었다. 그러니 불교가 아니었으면 인생이 막막하고 답답해서 어찌 살았을까 싶다. 이처럼 내 인생에 있어서 불교와의 만남은 의미가 크다고 할 수 있다. 물론 불교를 만나 발심하기 전에는 여러 종교를 편력한 이력을 가지고 있다.

사람들은 왜 종교를 찾을까? 아마 인생의 괴로움 때문일 것이다. 불교에서 괴로움은 번뇌로부터 생기고, 번뇌는 자아로부터 생기며, 자아는 진리가 본래 하나인 줄 모르고 자기만을 고집하는 무지 때문에 생긴다고 말한다.

사람들이 가족과 친지들에 둘러싸여 살면서도 외로운 것은 자기만의 집을 짓고 아집我執 속에서 살아가기 때문이라고 생각한다. 이처럼 모든 존재가 본래 하나인 줄 모르는 무명, 즉 무지無知를 없애는 길이 바로 수행인데, 불교에서는 이러한 삶의 무지를 벗어나는 길을 친절하게 제시해주고 있다는 점이 인생을 어떻게 살아야 할지 몰라 방황하는 나에게 삶의 나침반이 되었다.

물론 나는 행복하고 아무 문제가 없다고 하는 사람들도 있다. 그러나 지금까지 살아온 바에 의하면 행복과 괴로움은 동전의 양면과 같아서 온전한 행복이나 온전한 괴로움만 있는 것은 아니라는 생각이 든다. 또한 우리가 추구하는 행복 역시 영원하지 않으며, 나 자신의 개인적인 행복은 혼자만의 행복일 뿐이고 진정한 행복이라고 할 수 없다는 사실이다. 그 이유는 모든 존재는 생명의 그물망으로 연결되어 있어서 더불어 행복한 삶을 만들어가야 한다는 사실을 모르는 무지에서 기인한 행복이기 때문이다. 그래서 개인적인 행복과 사회공동체의 복지는 둘이 아닌 하나라는 결론에 도달하게 되었고, 그때까지 지니고 있던 출가에 대한 생각으로부터 벗어나 세상을 도량으로 삼고 세상 속에서 복지를 통해 보살행을 하는 길을 택하게 되었는지도 모르겠다.

또한 사람들은 괴로움의 해결을 물질적인 데서 찾는 경우가 많은데 이것도 일시적인 처방에 불과하다. 그래서 일시적이지 않고 진정으로 행복한 삶을 찾다가 '나는 누구이며 왜 살아야 하는가?' '나는 어떻게 살아갈 것인가?' '나는 어디서 왔으며 어디로 가는가?' 하는 질문을 하게 될 때가 누구에게나 있게 된다. 이처럼 인생의 문제를 해결하기 위해 길을 찾다가 삶을 되돌아보는 순간에 삶과 죽음의 문제를 생각하게 되면서 만나게 된 것이 불법이다. 단순히 진리에 대한 목마름에서라기보다 현실적인 문제나 삶과 죽음의 문제와 같은 인생의 본질적인 문제들을 막연히 신에 이끌려서가 아니라 자신의 체험을 통해서 해결해나가고 싶었기 때문이다.

진정한
행복

여러 번 삶의 고비가 있었지만 그때마다 불법은 내 인생의 의지처가 되었고 나침반이 되어주었다. 그 인생의 고비는 여러 가지가 있지만 병고는 아무런 예고도 없이 찾아왔다. 불교에 입문한 지 얼마 안 된 젊은 시절, 절에 갔다가 교통사고가 난 적이 있는데 조금만 더 다쳤으면 다리를 저는 불구가 되었을지도 모른다. 그런데 절에 갔다 오던 길이라 부처님의 가피가 아니었을까 생각할 정도로 사고에 비해 원래대로 빠르게 회복할 수 있었다.

중년이 되어서는 건강검진을 받았는데 이상 징후가 발견되었다. 내가 할 수 있는 일은 종양이 전이가 되지 않았기를 바라면서 마음을 다잡고 열심히 기도하는 것뿐이었다. 막상 수술할 때는 전신마취를 하였기 때문에 아픈 줄도 몰랐는데, 마취가 깨면서 통증을 느꼈지만 비교적 경과가 좋아 며칠 후에 퇴원할 수 있었다. 의사는 조기에 발견해서 전이가 안 되었기 때문에 통원 치료를 받으면서 약을 복용하면 된다고 했다. 전이되지 않은 것만으로도 감사하고 다행이라고 생각했는데, 복

잡한 치료도 면제를 받은 셈이니 이 무슨 행운인가 싶었다. 열심히 기도한 보람이 있다고 생각하니 불행 중 다행이다 싶어 날아갈 것만 같았다. 이 또한 평소에 부처님 모시고 예불하면서 열심히 기도한 덕이 아닌가 싶다. 나는 항상 불법과 함께하니 두려움이 없어지고 마음이 평안해짐을 느낀다. 이것이 진정한 행복이 아닐까, 더 이상 무엇을 바라겠는가.

수행이
최고의 복

괴로움이 생기는 것은 구하는 마음이 있기 때문이다. 구하는 마음에 의해서 집착이 생기게 되는데, 구할 수 있는 어떤 것도 없음을 보게 되어서 무상을 체험하게 되면 괴로움은 더 이상 나타나지 않게 된다. 이 무상의 체험이 구하는 마음인 업業의 속박으로부터 나 자신을 해방시켜주기 때문이다. 그래서 몸에 통증이 생기면 이는 모두 업장業障에 의한 것임을 알아차릴 때 비로소 괴로움에서 벗어나게 된다. 이처럼 괴로움의 성품에 대해 관찰할 때에 비로소 구하고자 하는 괴로움에서 벗어나는 길이 보이게 되는 것이다.

　인생의 어려운 문제에 부딪칠 때마다 불교를 통해서 해법을 찾아나가면서 차츰 마음이 안정되고 여유가 생겼는데, 앞으로도 불법에 대한 믿음과 이해를 바탕으로 수행과 실천의 삶을 살아갈 것이다. 세상 사람들은 돈, 명예, 권력 등을 최고의 복福으로 생각하지만, 복 중에 제일 큰 복은 마음의 이치를 알고 닦아가는 수행修行이 최고의 복이라는 사실을 아는 사람만 아는 것 같다.

"마음은 마치 화가와 같아서 능히 모든 세간을 그려내나니 오온五蘊이 모두 마음 따라 생김이라 어떤 법法인들 만들지 않음이 없다. …만일 어떤 사람이 삼세 모든 부처님을 알고자 하면 응당 법계法界의 성품 위에 모든 것이 마음으로 만든 것인 줄 관찰할지니라."

《화엄경》의 말씀이다. 모든 것이 마음의 조화로 시작된 것이니 마음에 끌려 다니지 말고 마음을 살필 줄 아는 지혜를 기르는 수행만이 안심입명의 길이라고 나는 믿고 있다. 그래서 오늘도 다시금 되새겨 본다. "이와 같은 위없는 깊고 깊은 미묘한 법이여, 백천만겁 오랜 세월 만나기 어려워라. 이제 저희가 보고 듣고 수지하오니, 원컨대 여래의 진실한 뜻 알게 하소서."

무릇 화두를 참구할 때에는 간절한 마음으로 공부해야 한다.
닭이 알을 품듯, 고양이가 쥐를 잡듯,
배고픈 이가 밥을 생각하듯, 목마른 이가 물을 생각하듯,
젖먹이가 엄마를 생각하듯
그러면 반드시 깨달음의 기회를 얻으리라.

凡本參公案上 切心做工夫 如鷄抱卵 如猫捕鼠
如飢思食 如渴思水 如兒憶母 必有透徹之期

간절한 마음으로 깨달음을 얻으리라

선전화 김경옥

나의 이야기가 어찌 보면 살아가면서 겪게 되는, 어느 누구에게도 닥쳐 올 수 있는 일상의 일이었는데도 그땐 몰랐다. 자식들의 일만큼 살아가 면서 힘들고 고통스러운 일이 또 있을까. 자식을 키우는 모든 부모님들 을 위해 더군다나 아픈 자식을 키우는 부모님을 떠올리며 이렇게 글을 쓸 수 있는 용기를 내어 적어본다. 이제는 이렇게 웃으면서 적을 수 있 게 되어 얼마나 감사한지 모르겠다.

사찰이라곤 어릴 때 친정어머니를 따라 절에 간 기억이 몇 번 있다. 초등 2~3학년 때인가, 엄마가 절에 가시면 4박 5일씩 기도를 하고 오 셨는데 엄마가 입던 그 법복 바지가 너무 입고 싶어서 엄마 몰래 입고 는 옷핀으로 양쪽을 고정해서 입고 나가 친구들과 놀곤 했다. 하도 많이 입고 다니니 엄마가 숨겨놓기까지 했는데 나는 그걸 또 찾아내 입곤 했다. 중학생 때까지 그랬던 것 같은데, 그 회색 몸빼 바지가 그리 좋아보였고 입고 싶었는지.

왜 내게
이런 시련이

세월이 흘러 결혼은 절대하지 않으리라고 생각하면서 살았건만 어떤 인연을 만나서인지 꽤 늦은 나이에 결혼을 했다. 2년 뒤 아빠를 쏙 빼닮은 아들을 낳았다. 늦은 나이에 낳은 자식이라 주위에서도 모두들 좋아 해주셨다. 그런데 이 아이가 어딘가 모르게 다른 아이들과 다르게 크고 있다는 생각이 들었다. 겉모습은 정말 건강하고 튼튼한 아이였는데 또래 아이들이 말을 하는 시기에도 말을 잘 하지 못하는 것이었다. 한 살씩 먹을 때마다 눈에 보일 정도로 차이가 났다. 아이가 네 살 때쯤 이건 아닌 것 같다는 생각에 병원에 가보니 자폐 성향에 지적장애라는 진단이 나왔다.

애를 등에 업고 나오는데 정말 아무 생각이 안 났다. 한 시간 넘게 걸리는 집까지 차 안에서 눈물만 흘렸다. '무엇이 잘못 되었을까. 왜 우리 아이지? 왜 내가? 왜 나한테 이런 일들이 생기는 거야?' 이런 생각들이 끊이질 않았다. 아이만 보면 너무 불쌍하고 억장이 무너져서 보름 동안을 울고만 있었다. 하지만 손 놓고 있을 수만은 없었다. '고쳐보

자, 내가 노력한 만큼 분명 보통 아이들처럼 좋아질 것이다.' 그런 희망
으로 두 군데 대학병원을 쫓아다니며 치료를 하기 시작했다. 개인치료
실을 잡고 언어와 심리, 인지치료를 무리해서라도 다 시켜 보았다.

그렇게 바쁘게 아이와 다니는 와중에도 남편은 둘째를 원했다. '생각
이 있는 사람일까? 작은아이가 생긴다면 큰아이한테 기울여야 할 모
든 게 나누어지는데…' 나는 큰아이에게 내 모든 걸 걸려고 했다. 그래
야만 아이가 좋아질 것 같았기 때문이다.

고통의
원인

남편과 시어머니, 친정어머니의 설득에 또 남편과 언쟁이 너무 싫어서
둘째를 낳았다. 둘째를 낳은 지 6개월 접어들 때쯤 아이 아빠가 하던
공장이 문을 닫게 되었고, 아이 아빠는 10개월을 집에서 보냈다. 그는
자기 앞의 현실에 자괴감을 느끼며 무너져 내리고 있었다. 그러면서 어
린 자식들 앞에서 큰소리가 나기 시작했다.

큰아이 생각만 해도 눈물 바람으로 사는데 금전적인 고통도 만만치
않았다. 아이 아빠가 나와 상의도 없이 무리하게 이끌어 간 여러 사업
들, 여러 번 문을 닫게 된 공장들을 떠올리며 어느덧 잔소리도 입이 아
파 못하게 되는 지경에 이르렀다. 작은아이까지 키워야 하는데 내 몸과
마음은 어느새 병들고 있었다. 내 스스로 이러지도 저러지도 못하는

상황, 매일 계속되는 남편과의 싸움, 모든 원인을 나의 잘못이라고 탓을 하는 남편, 이런 상황까지 오게 된 건 모두 남편 잘못이라고 정리해 버리는 나. 매일 반복되는 이런 악순환에 남편이 싫어지기 시작하면서 '이혼'이라는 두 글자를 입에 달고 살았다.

　정말 이 사람 곁을 떠나야만 행복할 것 같았다. 지금 내가 겪고 있는 모든 고통의 원인이 남편이라는 생각밖에 들지 않았다. 하지만 '장애가 있는 아이와 작은아이를 데리고 나와서 어디서 어떻게 살아갈 것인가'를 생각하면 현실적으로 도저히 답이 나오지 않았다. 큰아이 병원 치료비만으로 매월 130만 원 정도 들어가는데 나 혼자 돈도 벌어야 하고, 큰아이 병간호도 해야 하고, 작은아이도 돌봐야 한다는 생각을 하니 답이 없었다. 그렇다고 이대로 더 이상 남편과 살 수도 없었다.

　남들이 봤을 때는 정말 자상하고 착한 남자인데 나와는 왜 이리 부딪히는 것들이 많은지 남편과 한 공간에서 숨 쉬는 것조차 힘들었다. 작은아이를 업고 큰아이 병원치료실을 쫓아다닌 지 2년이 되어갈 무렵에는 스트레스와 곤두선 신경으로 잠을 못 이뤘다. 하루 종일 끼니라고는 먹은 거 없이 물 서너 잔으로 버티는 날이 늘어갔다. 몸은 점점 야위어 가고 신경성 불면증은 점점 심해져서 결국엔 병원에서 우울증과 수면제 약을 처방받아 먹기 시작했다.

참회문에
흘린 눈물

정신이 나약해서인지 체력이 바닥나서인지 어느 순간 내 몸을 내 마음 대로 움직이지 못하는 상황까지 왔다. 무기력했다. '내가 이렇게 해서 죽어가는구나, 뭔가 제대로 해 놓지도 못한 채 이 불쌍한 아이들을 놔 두고 이 몸뚱이는 죽어가는구나.' 손 하나 까딱할 수가 없는 날은 누워 서 이런 생각에 눈물만 흘렸다. 집안은 엉망이 되어가고 있었다.

이럴 때에도 남편은 내 머리맡에 와서 밥 타령을 했다. 큰아이가 학 교에 가고 나면 다섯 살인 작은아이는 형이 사다놓은 과자를 뜯어 먹 으며 하루 종일 나와 시간을 보냈다. 배가 고프면 작은아이는 냉장고 에서 우유를 꺼내 먹었다. 그래도 나는 움직일 수가 없었다. 화장실이 가고 싶어도 몇 시간을 두고 뒤척거려야 겨우 일어날 수 있었다. 어느 땐 누운 채로 옷에 실례를 한 적도 있었다. 나는 어두운 동굴 속으로 점점 사라지고 있었다.

아이들이 불쌍했다. 너무나 불쌍했지만 누워 있을 때는 내가 이렇게 된 모든 원인이 이 아이들 때문이라는 생각까지 들었다. 나는 미쳐가 고 있었던 것이다. '죽으면 행복할까? 그러면 이렇게 비참하게 안 살아 도 될 텐데…' 머릿속으로 자살할 궁리만 하면서 누워서 시간을 보낸 것이 1년을 넘어가고 있었다.

어느 날 만화를 보며 놀고 있던 작은아이가 리모컨으로 TV채널을 돌리는데 얼핏 불상이 보였다. 아이보고 다시 채널을 밑으로 내려보라고 하니 불교방송에서 〈백팔대참회문〉을 하고 있었다. 한 글자 한 글자를 누워서 보고 있는데 나에게 해당 안 되는 말씀이 없었다. '참 어리석었다. 나 정말 나쁘게 살았구나!' 하는 생각이 들면서 목 놓아 울기 시작했다. 백팔 개의 참회문에서 백팔 개보다 더 많은 잘못을 저질렀단 생각이 드는 순간 "내가 큰 죄인이구나" 하는 소리가 저절로 나왔다.

"부처님 제가 잘못한 게 많은 것 같아요. 착하게 살아야 하는데 이제껏 죄만 짓고 살아서 제가 이렇게 사는 것 같아요. 이제껏 절에 자주 가보지도 못하고 이렇게 어리석게만 살았어요. 결혼해서 아이 낳고 정말 행복하게 살길 원했는데 이젠 안 될 것 같아요. 아이들과 같이 이 세상을 떠나려 해요. 정말 힘이 들어서 숨을 쉬고 살 수가 없어요. 혹시 제가 다음에 또 태어난다면 그땐 정말 착하게 살 겁니다. 이번 생은 안 될 것 같아요. 정말 죄송합니다. 부처님!"

부처님이 내 앞에 계신 것처럼 속에 맺힌 말들이 마구 터져 나왔다. 그러면서도 '내가 뭐한 게 있다고, 다음에 또 태어날까? 잘한 게 있어야지?' 그런 생각들이 들었다.

'부처님 아이들과 같이 이 세상을 버리려 해도 제 손으로 먼저 어떻게 해야 하는데 도저히 못하겠어요. 그렇다고 저만 가자니 큰아이가 걸려요. 또 어느 누가 이 아이를 보살펴 줄까요? 그냥 한날한시 편하게 잠자고 있을 때 같이 떠나게 해주세요. 아이들이 너무 불쌍해요. 부모 잘못 만나서 이렇게…. 다 제 잘못이에요. 행복하게 살고 싶었는데 부처님 저에게 한 번만 기회를 주시면 안 되시나요? 정말 착하게 아이들

56

과 살 수 있을 것 같아요.'

잘못했다고 울면서도 머릿속으로는 이런 생각을 하는 내가 스스로
도 한심하기 그지없었다.

보살을
만나다

5개월이 지나 큰아이 성이가 3학년 새 학기를 맞이할 때였다. 새로운
선생님이 부임하셨는데 우리 집으로 전화가 왔다. '드디어 올 게 왔구
나! 큰아이에 대해 설명을 해드려야 하는데⋯.' 몸이 말을 듣지 않으니
한 시간 반 정도를 누워서 머릿속으로만 '할 수 있다. 일어나 봐! 선생
님을 뵈러 가야 해, 성이를 위해 일어나!' 하는 말들을 반복하고 있었
다. 머리로는 일어났는데 누워서 양쪽 손가락 끝을 보니 손가락 끝만
약간 까닥거리고 있었다.

'정말 가야 해! 하나 둘 셋 하면 몸을 돌려 굴려 봐!' 혼자 마음속으
로 온갖 칭찬을 하고 겨우 용기를 끌어 올려서야 몸을 돌릴 수 있었다.
그리고는 장식장 손잡이와 모서리를 잡고 일어났다.

"성이 어머니 그동안 어떻게 사셨어요? 지금 어떤 힘으로 사세요?"

처음 뵙는 선생님이 그렇게 말씀하시는데 내 딴에는 밝게 웃는다고
웃었다. 그런데 나중에 말씀을 들어 보니 그때 나의 몰골이란 피죽도
하나 못 먹은 사람처럼 말라서 웃는다고 하는 모양이 정말 슬퍼보였다
고 했다.

간절한 마음으로 깨달음을 얻으리라

"혹시 종교 있으세요?" 선생님이 물었다.

"네, 친정엄마가 절에 자주 가시는데 몇 번 따라 가봤어요."

"내일 다시 학교에 한 번 더 나와 주실 수 있으세요?"

"선생님, 무슨 일인지 모르지만 제가 오늘은 이렇게 움직여서 왔지만 내일은 어찌될지 모르겠어요. 제 몸인데도 제 마음대로 잘 안 돼요. 장담을 못 드리겠어요. 죄송합니다, 선생님."

선생님은 한참 나를 뚫어져라 바라보더니 말을 꺼냈다.

"성이 엄마, 우리 반 아이들이 총 30명 안팎인데 저 이 아이들 공부 안 시켜도 돼요. 요즘 학원에서 다 하는데 뭐. 성이와 성이 엄마를 공부시켜야 될 것 같아요. 이게 나의 의무인 것 같아요. 이게 내 할 일이에요. 내가 책임질 테니 꼭 내일 무슨 일이 있어도 와야 해요. 나 오늘 퇴근하고 부처님께 기도 드리러 갈 테니까, 내 소원과 성이 엄마 소원 꼭 이루어주시니 아무 걱정 말고 내일 꼭 아무 때고 와요."

이런 말을 해주는 선생님을 그때 처음 뵈었다. 목소리에서 진심이 느껴졌다. 선생님 앞에서는 나약한 모습을 절대 보이지 않으려고 겨우 인사를 하고 다짐하고 돌아 나오는데 눈물이 솟아올랐다. 거리에 나와서야 하염없이 울었다. '이런 분도 계시구나… 어떻게 이런 선생님을 제게… 감사합니다, 선생님!' 집 지하주차장에 앉아서 남들이 보든지 말든지 엉엉 소리 내어 한참을 더 울었다. 그동안 어느 누구 하나 진심을 담아 나를 위로해준 사람이 없었다는 생각에, 내가 너무너무 힘들게 살아왔단 생각에, 선생님의 진심 어린 배려에 통곡이 멈추지 않았다.

다음 날 학교를 찾아갔다. 아이들이 하교하고 없는 빈 교실에서 선생님은 책을 읽으며 나를 기다리고 계셨다. 나중에 알고 보니 그 책이 《금강경》이었다. 선생님은 쉬는 시간에 몇 줄이라도 읽는다고 하셨다. 아이들과 지내면서 감정 조절이 안 될 때도 《금강경》을 편다고 하셨다. 선생님은 나에게도 《금강경》과 함께 염주와 연꽃을 주셨다.

아무것도 몰라도 괜찮으니 몇 줄이라도 읽어보라는 선생님의 말에 집에 돌아와서 한글로 된 부분을 읽기 시작했다. 이건 무슨 말씀일까 생각하면서 반복해서 읽고 또 읽었다. 두 시간 넘게 걸려서 한 권을 다 읽을 수 있었다. 무엇인지 알 수는 없지만 힘이 나는 기분이었다. 기분도 조금 상쾌해지는 듯했다. 식탁에 앉아 집안을 훑어보니 청소를 좀 해야겠다는 생각이 들었다.

무조건
엎드리다

청소를 했다. 밀린 빨래와 설거지에 방청소까지, 무엇 때문인지 모르겠지만 기분 좋게 청소를 하고 있었다. 다음 날도 책을 읽었다. 그동안 잠을 못 자 수면제를 매일 복용하고 있었는데 그 날은 밤 10시쯤 되니 하품과 함께 잠이 왔다. 정말 오랜만에 맨 정신에 잠을 잔 것 같았다. 사흘째 되던 날도 책을 읽었고 밤이 되니 하품이 나오고 잠이 스르르 왔다. 수면제와 우울증 약을 끊은 것은 이때부터인 것 같다.

선생님께 전화를 드려 희한하고 신기한 일이라고 전해드렸다. "성이 엄마, 이제 부처님의 자식이 됐으니, 또 부처님이 옆에 계시는데 무엇이 두려운 게 있어요? 대자대비하신 부처님 '빽' 믿고 열심히 기도해 보세요. 분명 크나큰 기적이 일어날 겁니다." 선생님이 더 기뻐하셨다.

이제부터라도 집에서 기도를 해보자는 마음으로 불교방송을 보면서 《천수경》을 따라 읽고 절도 해보았다. 처음 해보는 것이라 염주를 어떻게 돌리는지 알 길이 없었고, 그저 TV에서 들리는 소리를 따라 염불을 했다. 어느 날은 염불을 하고 있는데 귓전에서 큰 소리가 들리는 것 아닌가. 분명 TV에서 나오는 듯한 염불 소리였는데 가만 있으면 아무 소리도 들리지 않다가 내가 염불을 하면 누가 내 귓가에 스피커를 틀어 놓은 것처럼 크게 울리는 것이었다. '아이고, 내가 너무 오랫동안 정신과 약을 먹었나? 이젠 환청까지 들리는구나' 싶었다. 그러다 절에 다녀보자, 가서 남들 하는 것 보고 배우자는 생각이 들었다. 집 근처에 천년 고찰이 많은데 여태껏 왜 가지를 못했을까? 처음 부처님 앞에 서서 절을 하던 날, 눈물이 어찌 그리 나오는지 방석이 내 눈물과 콧물로 얼룩이 지고 있었다.

아무것도 모르니 아이 기도만 했다. 그렇게 몇 달 다니다 나도 남을 위해 뭔가를 해보자 싶어 봉사단체에 들어갔다. 요양원에서 청소하고 무료급식소에 가서 음식을 해보고 절에 가서는 청소도 하고 불기도 닦아보았다. '이런 뜻 깊은 일을 내가 하게 될 줄이야, 몇 달 전만 해도 내 몸 하나 움직이는 게 힘들었는데.' 집에 와서 남편과 아이들을 보면 미안한 마음밖에 들지 않았다. 말투와 눈빛도 전에 없이 부드럽게 변해가는 나를 느낄 수 있었다.

남편에 대한
참회

우연히 달력을 넘기다 뒷장에 남편과 나의 띠가 나와 있는 것을 보았다. 원진살이라고 했다. 인터넷으로 뜻을 찾아보니 '서로가 원망하고 화내고 미워하는 만남'이라고 했다. 신혼 때부터 느껴졌던 묘한 기분, 바라만 보면 마냥 좋은데 남편의 손길이 내 몸에 닿기만 해도 소름 돋고 무엇인가 딱딱하고 차가운 것이 느껴졌던 것, 그리고 그 느낌이 싫어 이리저리 핑계 대며 남편을 피하기만 했던 시간들이 원진살 때문이었나 하는 생각이 들었다.

　나는 내 성격에 문제가 있다고 생각했었다. 남자가 성실하기만 하면 되지 다른 건 필요 없다고 스스로 위로하고 참고 살자고 마음먹었지만 한 번씩 무너지는 마음, 남편이 내 이름만 불러도 놀라서 없던 일도 찾아서 하던 생활, 옆에 붙어 같이 있기 싫어서 남편은 소파에 나는 식탁에 앉아 텔레비전을 보던 시간들, 옛 남자친구 얼굴을 떠올리며 눈을 감고 살았던 시간들, 너무너무 재미없었던 결혼생활. 왜 그런지도 모르면서 그렇게 지내왔던 세월인데 이제는 그 이유들을 알게 되니 '아, 남편도 나와의 결혼생활이 재미가 없고 자식을 낳았으니 어쩔 수 없이 참으면서 살고 있었구나' 하는 생각이 들었다. '내가 남편을 미워하고 원망하고 있을 때 상대인 남편도 나만큼 힘들고 원망스러웠겠구나' 이런 생각을 하는 순간 그 고통의 깊이를 알기에 그것을 겪었을 남편에게 너무나도 미안했다. 그 후 일주일 동안은 남편만 보면 미안해서 눈물이 나왔다.

얼마나 아픈지 그 고통을 내 자신이 너무나 잘 알고 있었기 때문에 남편의 손을 잡으며 사과했다. "그동안 정말 미안했어. 싸우다 보니 독설을 아무렇지도 않게 내뱉었는데 성이 아빠 정말 미안해. 앞으로 절대 이런 일로 당신 마음에 상처주지 않을게. 내 잘못이 커, 다 내 잘못이야!" 눈물을 그렁거리며 쳐다보니 남편 눈에도 눈물이 맺혀 있었다. 옛날 생각이 나서일까? 남편이 입술을 깨물고 울음을 참고 있었다. 나한테 정말 과분한 사람인데 왜 이제껏 모르고 살았을까. 내 몸만 생각하고 내 기분만 생각하며 살았단 생각에 방으로 들어가 바닥에 머리를 대고 울었다. '정말 미안해, 성이 아빠!'

지나간 세월의
과보

남편과 속마음을 털어놓게 되어 정신적으로 편하게 살게 될 즈음, 그동안 몸을 던져버리고 방치하고 살았던 시간들의 결과가 서서히 나타나고 있었다. 우울증으로 인해 2년 전부터 몸에 이상이 보였어도 병원 한 번 가질 않았다. 죽을 생각만 했으니까. 어느 순간 가슴 유선관에서 포도주 같은 붉은 물 같은 것이 뚝뚝 떨어졌다.

결국 유방암 수술을 했다. 6시간의 긴 수술을 끝내고 피 주머니 3개를 차고 병실로 들어왔다. 도대체 나는 무슨 업이 이리 많아 이런 시련을 겪는가 싶었지만 마른 입술을 깨물면서 '부처님, 제발 이 고통을 이길 수 있게 저에게 힘을 주세요' 하면서 엉엉 울었다. 남편은 나에게 뭐라도 해주려고 다리를 주물러 주는데 순간 머리끝까지 화가 치밀어 올랐다. 너무 아파서 숨을 쉴 수조차 없는데 화가 치밀어 오르니 수술한 자리에서 찢어지는 고통이 느껴졌다. "성이 아빠, 제발 내 몸에 손대지 마. 엉엉… 부탁이야 제발…" 다른 침대의 환자와 보호자들이 무슨 일인가 싶어 쳐다볼 정도로 나는 엉엉 울면서 남편에게 말했다. 남편은 무안한지 밖으로 나가버렸다. 그때의 그 표정을 나는 지금도 잊을 수가 없다.

"부처님, 저에게 용기와 힘을 주세요. 옴마니반메훔." 할 수 있는 것은 염불밖에 없었다. 눈을 감고 계속 염불을 하고 있으려니, 염불의 힘이 었는지 어느덧 고통이 사그라들었다. 한참 밖을 돌다 들어온 남편을 보니 괜히 미안해서 "성이 아빠, 아까 미안했어. 좀 전처럼 나 다리랑 팔 좀 주물러 줘" 했다. 내 말에 아이처럼 환히 웃으면서 열심히 나를 주물러 주던 남편. 그 애잔한 눈빛에 마음이 먹먹해졌다. "그래, 다 내 생각이 어리석어서 그래. 살이 뭔 필요 있어. 다 과거생 내가 저질렀던 행위의 결과이니 지금이라도 알고 있다면 없애야지. 미안해, 여보!"

남편이 말했다. "당신 몸에 있는 것들이 이렇게 허무하게 없어질 줄 알았다면 그동안 손길을 허락이라도 좀 해주지. 손길 닿은 게 열 손가락에 꼽힌다." 나는 아무 말도 못했다. 이것이 아마 벌인가보다. "성이 아빠 미안해. 내가 미쳐서 그랬어. 그러게 이럴 줄 알았담 당신 원 없이 허락했을 텐데…"

간절한 마음으로 깨달음을 얻으리라

병을 얻고
깨달음을 얻다

1차, 2차 수술을 했을 때도 무언가 모르게 더 많이 얻었단 생각에 행복했다. 남편의 소중함을 더 많이 알았기 때문이다. 몇 달 며칠을 밤에 잠도 못 주무시고 서럽게 우시던 시어머니를 보면서 그간 느끼지 못했던 진한 사랑도 경험했다. 그동안 못난 며느리는 자기가 만든 선에서 넘을 생각을 않고 살았다. 시어머니가 정말 착하고 불쌍하다는 걸 알면서도 내가 원하는 만큼만 마음을 열었던 며느리였다. 어머니의 눈물이 내 자신에게 또 한 번의 질책이 되었다. '모두들 처음부터 그 자리에 그대로 있었는데 나 혼자서 방방 뛰었구나.' 어머니의 잔소리도 이제는 웃으며 넘기는 며느리가 되겠다 다짐했다. 많은 걸 깨닫고 나니 얻는 게 더 많단 생각에 암 병동에서 웃고 다니는 사람은 나밖에 없었다. 죽고 싶다고 난리 친 것이 엊그제 같은데, 이 일을 계기로 더 많이 염불하고 경을 듣고 공부를 했다.

퇴원하고 집에 와서 잠들어 있는 애들을 보니 내 몸과 정신이 아프다고 얼마나 모질게 대했던가 싶어 아이들 얼굴 보기조차 미안했다. '그래 성이 네가 이 엄마 사람답게 살게 하려고 이렇게 아프게 태어났구나. 너 아니었음 평생을 잘난 것도 없으면서 잘난 체하고 이렇게 부처님도 못 만나 뵈었을 텐데 네가 나의 은인이구나. 정말 고맙다, 아들. 너희들 때문에 부처님을 만났으니 나도 너희들에게 해줄 수 있는 건 부처님의 크나큰 진리를 알 수 있도록 가르쳐야 되겠구나. 그래서 우리가 부모 자식으로 만났다고 믿고 싶구나. 애들아 정말 고맙고 미안하다.' 자고 있는 남편과 아이들 쪽으로 절을 했다. '성이 아빠 미안합니다. 아들 미안합니다. 딸 미안합니다.' 잘해준 것보다 못해준 게 너무 많아 눈물만 흘렸다. 이제껏 내가 힘든 것이 다 남편 탓, 자식 탓이라고 생각하고 살았는데 어느 순간 다 내 잘못이란 생각이 들기 시작하니 절을 안 할 수가 없었다. 너무너무 미안했기 때문이다.

새로 얻은
인생

남편은 모든 것이 좋게 좋게 변해간다고 이제 시댁이나 처가에 가면 자랑을 늘어놓는다. 나 역시 남편에게 감사하다는 말을 달고 살아도 모자란다.

마음공부 한 지도 9년이 되어간다. 꿈은 꿈일 뿐이라지만 기도하며 회향할 때쯤마다 보여주시는 모습들에 또다시 힘을 내곤 한다. 아직은 너무나 부족한 이 중생의 곁에 부처님이 계시구나 생각하면 두려움이 사라진다. 집에서든 절에서든 나를 따라서 옴마니반메훔을 노래처럼 따라 부르고, 스님의 염불 CD를 들으며 눈물을 흘리는 아이들을 보면 이 모든 것들이 다 부처님의 사랑이고 은혜인가 싶다. 요즘은 내가 집에서 사경 공부를 하니 아이들도 따라서 하고 있다.

이 어리석은 불자는 해드린 게 하나도 없는데, 잘못만 저지르고 살고 있는데, 받기만 한 거 같아 너무너무 죄송스러워 눈물이 맺힌다. 어느 순간 동물들, 벌레들, 물고기들까지 다 같은 중생이란 생각이 들어 힘 없고 나약한 이 중생들을 지켜줘야겠다는 생각이 들었다. 오늘도 나는 기도 올린다.

"그동안 저의 어리석은 생각으로 인해, 저희 가족으로 인해 목숨을 잃은 이 중생들을 위해 기도하는 마음을 주셔서 감사할 뿐입니다. 부처님! 부족하지만 천천히 나아가려 합니다. 모두 다 같이 웃으며 행복하게 살고자 합니다. 남을 위해 기도할 수 있는 마음을 주셔서 감사합니다. 저에게 이런 마음들을 생겨나게 해주셔서 감사합니다. 부처님! 시방법계에 계신 모든 불보살님께도 감사드립니다. 부끄럽지 않은 불자가 되기 위해 노력하겠습니다. 그리고 부족한 이 불자가 감히 외쳐 봅니다. 부처님 사랑합니다."

생각이 끊어지고 반연도 잊었노라

마음과 부처와 중생은 서로 차별이 없다

너무 급해서도 너무 느려서도 안 된다

매사에 공적하면 참다운 자유인

제 2 부

내 이웃이 나의 거울이다

내가 한 마디 하고자 하노니,
생각을 끊고 반연하는 경계도 다 잊었노라.
올연히 일없이 앉아 있으니
봄이 오매 풀이 절로 푸르구나

吾有一言 絶慮忘緣 兀然無事坐 春來草自靑

생각이 끊어지고
반연도 잊었노라

대원 송동석

불교방송 사장상

큰 절을 올렸다. 아스팔트 바닥은 후끈했다. 눈시울이 뜨끈해지며 이 내 곧 눈물이 흘렀다. 일어나니 부모님과 할머니의 눈시울도 붉어져 있 었다. 눈물을 보이기 싫은 마음에 연병장으로 달려갔다. 2013년 8월 5 일, 여름 한가운데 대한민국의 자랑스러운 건아라면 누구나 가는 육군 훈련소에 '입대'를 했다.

입대 전에는 아주 담담했다. 집에서 출발할 때부터 들어가기 직전까 지 지인들과 전화를 하면서 마음이 가벼웠다. 군대 또한 맡고 싶던 보 직을 지원해서 가는 것이기에 거부감 또한 없었고 오히려 기대감이 부 풀었다. 근데 그때 왜 눈물이 흘렀는지 아직까지도 모르겠다. 다만 '가 족'이란 두 글자 때문이지 않았을까 하고 생각한다.

훈련이
수행이다

연병장에서 가족들과 헤어지고 나니 거짓말같이 비가 내렸다. 날씨마
저 울게 하는구나 싶었다. 입소를 하게 되면 간단한 신체검사를 받고
생활에 필요한 물자를 보급 받는다. 번호도 부여 받는데 나는 138번
으로 훈련 기간 동안 내 본래 이름보다 '138번 훈련병'이라는 이름으
로 더 많이 불리게 되었다. 처음 본 낯선 환경, 새 보급품, 그리고 새로
만난 동기들… 마치 새로 태어난 기분이 들었다.

  그러다 문득 그 속에서 '승가僧伽'를 보았다. 법法을 구한다는 것을
제외한다면 이곳이 스님들의 생활과 별반 차이가 없다는 생각이 들
었다. 스님 맹키로 짧게 밀어버린 머리부터 생활에 필요한 최소한의
물품만을 보급 받고 사용할 수 있는 것이라든지, 활동복 또한 회색
이라서 그런 느낌이 더 들었다. 자의든 타의든 이곳은 외부와 접촉이
차단되었고 식사도 배급을 받는데 정량만을 받기에 금욕생활도 하게
되었고 승가만큼은 아니어도 이곳도 규율이 있고 엄격한 통제 속에
이루어지는 체계라는 것은 이미 그 배경이 되고도 남았다. 훈련소의
모든 환경이 불만으로 비춰지기보다는 수행을 하기에 최적화된 곳이
라는 '장점투성이'로 보였다. 그렇게 훈련소에서의 수행이 시작되었
다.

  입대 후 3일이 지나고 훈련 받을 연대로 숙소를 옮겼다. 내가 있었던
곳은 훈련소 내에서도 제일 오래된 막사임에도 '수행하는 데 마가 없

기를 바라면 안 되지' 하면서 보왕삼매론의 말씀을 떠올렸다. 또한 '오래된 환경이라고 불편할 것 또한 없지 않은가' 하면서 대수롭지 않게 넘겼다. 훈련이 힘들지 않았다고, 마냥 행복하고 즐거웠다고 하면 세상 누가 믿겠는가. 훈련소 생활은 그동안 지내온 환경과 다르고 자유롭게 살아왔기 때문에 힘들지 않다면 거짓말일 것이다. 하지만 지내보니 신기하게도 통제된 생활임에도 억압되지 않은 자유로움을 느꼈다. 아마 수행을 할 수 있어서였던 것 같다.

정법 만난
즐거움

이곳에서 만난 큰 선물이 있다. 바로 '진중문고'이다. 불서들을 읽고 정법을 공부하게 된 이후로 어느 책이든 정법이 보여서 모든 책이 불서로 보이기도 했지만 확실히 이곳 책장에는 불교 서적이 많이 있었다. 훈련소의 낙樂은 수행 외에도 독서가 생겨서 꼭 하루에 한 권씩은 책을 독파했다. 통제되고 정해진 일정 속에서 어떻게 책을 한 권씩 읽느냐고 반문하는 분들이 계실지 모르겠지만 그 또한 마음 내기 나름이다. 식사하기 전후나 훈련 나가기 전의 시간 등 틈이 조금이라도 날 때마다 동기들과 이야기를 나누기보다는 책을 읽었다. 그러다보니 하루에 한 권씩 읽는 일이 가능해졌다.

가장 인상 깊게 읽은 책은 법정 스님의 수필집들이었다. 스님의 책들이 한가득 있었는데 법정 스님께서 깊은 산 속 암자에 지내시면서 '홀로 사는 즐거움'을 익혔듯이 나 역시 전방의 깊은 산골에 자리 잡은 법당으로 배치 받아서 그동안 사람 만나기를 좋아하고 대화에서 꽃피는 유쾌함을 즐기던 습관을 잠시 접어두고 법정 스님과 같은 삶을 실천해 보고 싶었다.

새 생활관에 온 지 이틀째 되던 한밤중이었다. 동기 한 명이 나를 깨웠다. 불침번 근무 차례가 된 것이다. 처음에 동기가 깨웠을 때의 당황함, 이내 근무를 서야 한다는 생각에 올라오는 짜증, 이러한 나의 변화를 알아차렸다. 잠에서 금방 달아나는 데는 일어나자마자 마음자리를 알아차리려는 것이 최고이다. 군복으로 환복하는 것을 알아차릴 때쯤에는 정신이 영롱해졌다.

불침번의 임무는 실내 온도나 습도 등이 쾌적해서 동기들이 잠은 잘 자고 있는지, 바깥에 침입자 등은 없는지 확인하는 것이다. 그래서 불침번을 서는 동안 부지런히 복도와 생활관을 돌아다녀야 한다. 하릴없이 무료하기 짝이 없는 시간으로 비춰지겠지만 여기서 또 다른 수행을 발견했다. 바로 '경행經行'이다. 경행은 마치 환자가 천천히 한 발을 내딛는 것처럼 자신이 걸으려는 의도나 발의 움직임을 알아차리면서 천천히 걷는 것, 나아가 생멸生滅을 보는 수행이다.

모두가 자고 있는 가장 고요하고 적막이 흐르는 시간에 새벽별처럼 맑은 정신으로 경행을 하고 있노라면 불침번을 서는 시간이 어떻게 흘러갔는지 모르게 지나간다. 그 마음 그대로 취침에 들면 잠 또한 금방 들게 되니 이보다 더 좋을 수가 없었다.

훈련 또한 수행이었다. 처음 사격 훈련을 하기 전에 소총을 분해하고 조립하는 법을 배우게 되는데 그때도 차분히 총을 다루는 법을 익히고 알아차리면서 숙련해나가니 같은 분대 동기들 중에서도 가장 빠른 속도로 할 수 있었다. 여타 다른 행군이나 사격, 화생방 등도 수행이라 여기고 긍정적인 마음을 발판 삼아 하나하나 이겨나갈 수 있었다. 특히 행군이나 화생방은 몸이 무척 괴로운 순간이 찾아오는데 이 순간 또한 일어났다 사라지는 과정이라고 알아차리며 괴로운 마음을 '있는 그대로' 보려고 노력했다.

오늘도
정진한다

주말에는 종교 행사를 갈 수 있었다. 다른 종교도 눈길이 갔지만 막사에서 가장 멀어도 마음만은 가장 가까이 있는 '법당'만 가게 되었다. 그곳에서 나눠주는 초코파이가 얼마나 감질나게 맛있었는지 모른다. 초코파이뿐만이 아니다. 가족, 친구 등 인간관계에서부터 스마트폰, 컴퓨터, 최신가요 등 늘상 가까이 두고 누렸지만 소홀이 여겼던 것들이 소중해지기 시작했다.

마지막 주에는 각개전투라는 마지막 훈련이 기다리고 있었다. 한여름이라 훈련이 더 고되고 힘들었다. 하지만 훈련 중에 종교행사를 통해 불교에 대해 관심을 갖고 삶의 지침으로 삼게 된 동기들을 만나 내가 배운 가르침을 전하면서 그들이 변화해가는 과정을 볼 때 참 뿌듯하고 기뻤다.

짬짬이 어떤 군 법당에서 지내게 될지 생각하며 가서 내가 할 일들을 계획하기도 했다. 그렇게 해도 밖에 있을 때에 비해 시간은 더디 갔다. 그걸 알아차린 다음부터는 수료식이 언제 올지 기다리며 매달리는 집착을 놓아버렸다. 그랬더니 수료식이 어느덧 찾아왔다.

고된 훈련 과정을 모두 수료하고, 이등병 약장도 달고, 보고 싶던 가족들을 보는 기쁨을 만끽하는 날이었다. 이 날은 비가 내려서 수료식을 연병장에서 할 수가 없게 됐다. 그래서 이례적으로 큰법당에서 수료식을 진행하게 됐다. 법당의 부처님 앞에 수료를 받게 되니 더 경건하고 엄숙하면서도 그간 불심으로 인내하며 견딘 것들이 싹 씻겨 내려가는 기분이 들었다. 마치 부처님께서 수고했다고 격려를 해주는 듯했다. 훈련소 생활이 비교적 고됐지만 힘든 만큼 값지고 보람찬 배움을 찾으려 노력하니 결코 힘들기만 한 시간이 아니었다.

수료식 때 배치된 자대는 전방에 인적 드문 산골짜기 법당을 희망했던 것과는 달라도 너무 다른 정반대의 색깔을 가진 곳인 '육군사관학교 화랑호국사'였다. 하지만 평생을 두고 갚을 은혜를 입은 이곳에서 나는 생애 최고의 나날들을 보내게 된다.

현재 전역이 한 달도 채 남지 않은 말년병장이 됐다. 군 법당에서 경험한 지난날들을 글로 푸는 데는 그간 찬란했던 만큼 오랜 시간이 걸릴 것이다. 그만큼 값진 시간의 시초가 됐던 훈련소의 추억은 아직도

마음 한 켠에 진한 추억으로 자리 잡고 있으며 어느 곳에 있든 수행이
곧 생활인 삶으로 정진하고 있다.

생각이 끊어지고 반연도 잊었노라

구태여 여러 가지 이름을 붙여
마음이다 부처다 혹은 중생이다 하였으나
이름에 얽매여 알음알이를 내지 말지어다.
한 물건 그 자체는 그대로 옳은 것이니
한 생각이라도 일으키면 곧 어긋나버린다.

強立種種名字 或心或佛或衆生

不可守名而生解 當體便是 動念卽乖

마음과 부처와 중생은 서로 차별이 없다

천진화 안순심

언제부터인지 경전을 펼치면 방 안 가득히 그윽한 더덕 향기가 내 몸을 감싼다. 몰라보게 건강이 좋아진 것이다. 올해로 내 나이 87세. 어느 때 부처님께서 부르실지 몰라도 부끄럽지 않게 살고자 한다.

"씨를 뿌리기는 쉬우나 열매를 맺기 어렵고 고민을 할 수는 있으나 해답을 얻기가 쉽지 않고 뜻을 세웠으나 이루기가 힘들도다. 모든 것이 부질없음을 아나 이렇게 뼈아프게 부대낌은 태어난 자의 도리가 아닐지…." 누가 쓴 글귀인지도 모르는 이 구절을 책갈피에 적어 두고 매일 아침 가장 먼저 펼쳐본다. 뜻을 세웠으니 이룰 때까지 정진하리라. 이 길이 나의 가장 행복한 길이기에….

부처님과의
인연

부모님은 어느 산골에 교회를 세울 정도로 독실한 기독교 신자였다. 그 집안의 셋째 딸이었던 나는 교사로 일하고 있었는데 결혼을 앞두고 사표를 제출하자 학무과장님과 군수님께서 시아버님을 찾아뵙고 "같은 군 관내인 고로 전근이 가능하다" 하며 "내일이라도 나오세요" 했다. 나는 두 달 월급도 받고 학교도 나가게 되었다.

어머님 덕에 한글을 배웠고 집에 편지를 할 때는 늘 한글을 이용하도록 교육 받았다. 그 덕분에 광복을 맞이한 중학교 2학년 때의 첫 글짓기 시간에 글을 지어 낼 수 있었다. 그런데 선생님께서 내 글을 신문에 내주셨고, 그것을 보신 비구니 스님께서 광주 학교로 나를 찾아오셨다. 당시 구례 화엄사 구층암의 정진 스님이셨다. 아마도 정진 스님과의 아름다운 인연이 이렇게 부처님 품에서 살도록 했을 것이다.

어느 날인가 폭풍이 불고 가시덤불에 얼굴이 할퀴고 옷이 찢기는 고통을 참으며 태백산 정상에 올라 무릎 꿇고 부처님께 제자로 받아 달라고 애원하는 꿈을 꾸었다. 그때는 내가 교회에 나갔을 때라 이상하다 했었는데 지금 생각하면 그러한 아픔을 다 겪은 후에 부처님께 오라는 계시가 아니었는지.

절집을 열심히 드나들었지만 흉내 내기에 급급했고 그러면서도 조계사에서 보살계를 받았다. 법명이 천진화天眞華다. 송광사에서도 보살계를 받았다. 순천까지 가서 이름과 생년월일을 적어내니 똑같은 천진화다. 신기해서 그 다음은 태안사의 보살계를 받았다. 역시 글자 하나 틀리지 않았다. 이번에는 수덕사로 갔다. 거기서는 천진행天眞行. 끝 자만 달랐다. 내 이름은 천진화다. 법명대로 참되고 진실하게 수행하여 꽃피우리라….

책을 좋아하는 나는 부처님 말씀이 담긴 책을 탐독하기 시작했다. 성철 스님의 《백일법문百日法門》과 《서장書狀》《정토삼부경淨土三部經》등은 두세 번 읽어봐도 아직도 그 깊은 오묘함을 이해할 수가 없다. 《서장》은 내가 아끼는 도반의 아들 젊은 친구에게, 《정토삼부경》은 존경하는 부산 회장님의 소개로 나를 찾아온 손님에게 선물로 드렸다. 그 분들이 더 많이 공부하여 포교하실 것을 기대하면서다. 송광사든 동국대학교든 학술세미나가 열린다는 소식만 있으면 가서 들어야 했다.

서점에서 《무소유》라는 작은 책의 제목에 끌려 하얗게 밤을 지새운 다음 날, 다시 그 서점에 들러 법정이란 작가의 책은 모조리 사다 읽었고 작가가 스님이란 사실도 처음 알았다. 그 후 스님의 신간이 나오면 어김없이 사다 읽었다. 내 삶을 바꾸어버린 보물 같은 《무소유》도 지금 미국에 사는 사촌오빠가 고향에 왔다 갈 때 "귀한 책이니 만큼 여러 사람들에게 읽어주세요" 하고 선물로 드렸다. 책을 받아 들고 돌아선 오빠의 뒷모습이 몹시 쓸쓸해 보였다. 혼자 남은 오빠의 건강이 안녕하기를 빈다.

남편과의
인연

내 남편은 새처럼 자유롭게 살고 싶은 대자유인이었다. 그때의 나는 그에게 가장이라는 굴레를 씌워야 했고 가정을 책임지라고 했으니 얼마나 답답했을까. 몇 차례 가출한 것은 애교로 볼 수도 있겠지만 한 번은 논도 팔고 집도 팔아서 나간 뒤 1년 넘게 소식이 끊어졌으니 내가 얼마나 잘못 살았는지 그때는 몰랐었다. 끝내 그는 17년간 병간호를 받으며 육남매와 빚만 내게 남겨주고 결혼 27년 만에 먼저 세상을 떠나갔다.

원래 고향 선산으로 안장했으나 화장하기로 했다. 6년 전 음력 윤오월에 날을 정하여 일하기로 모든 준비를 했다. 나는 한문《법화경法華經》을 정성을 다해 쓰고 그 경으로 수의를 해드렸다.《금강경》독송 소리가 온 산에 울려 퍼졌을 때 인부의 큰 목소리가 들렸다. "명당이니 도로 묻읍시다." 그러면서 "묘 일을 24년 이상 해왔는데 오늘같이 뼈에서 빛이 난 것은 처음이다" 했다. 애들이 뛰어가 묘 속을 들여다보고 "아빠 얼굴에서 빛이 난다" 했다. 일은 계속 하라 했고, 한지 백지 위에 뼈를 받아《법화경》수의를 입은 양 둘둘 말아서 화장한 재를 받아 집에서 가지고 온 찰밥과 버무려서 아들딸에게 광명진언을 크게 염송하며 묘 주변으로 뿌리게 했다. 고향 선산이라 외롭지 않을 것이다.

이제 빈손으로 어떻게 살 것인가? 그때《무소유》책 제목이 주먹만하게 내 눈앞을 가로막았다. 바로 이것이다. 욕심을 버리라는 것이다. 잘난 척했던 마음도 내려놓고 '내가 죄인이요' 하고 참회하면서 살라는 것이다. 그러니까 먼저 간 남편에게 미안했다. 내 탓이었다. '부처님 모든 잘못을 참회하오니 용서하여 주옵소서.'

도반과의
인연

매일 새벽 세 시에 어김없이 일어나 목욕재계하고 향을 꽂는다. 이어 〈신묘장구대다라니〉 스물한독과 광명진언을 백팔독하고 이어 두 시간은 《법화경》 사경을 한다. 쓰기 좋게 한지를 6등분하여 한문 《법화경》을 쓸 때 한 장을 시작할 때마다 삼배를 올리고 있다. 첫 번째 일배는 나를 사랑하고 지켜주시는 모든 불보살님께 감사한다. 두 번째 일배는 돌아가신 부모형제와 조상의 영가, 그리고 온 법계의 일체영가들이 부처님의 가호로 다 함께 극락세계에 왕생할 것을 기원한다. 마지막 일배는 내 스스로 자신과의 약속을 잘 지킬 수 있는 사람이 되도록 매 순간 최선을 다하는 삶이 되도록 다짐하고 있다.

이렇게 새벽수행이 끝나면 아침 준비를 마치고 여덟 시 전에 집을 나선다. 현관문을 나서는 순간부터 거리의 버스와 지하철 속은 나만의 법당이 된다. 경전을 읽거나 암송하기에 이보다 더 좋은 도량이 없다. 절 수행 염불 수행을 하면서 자신도 모르게 숫자놀음에 빠져서 절 만배를, 다라니 십만독을 해냈다는 상과 숫자의 노예로 전락해버린 모습은 참으로 슬프기 그지없었다. 이런 자책에 빠져 있다가 정신을 차리

마음과 부처와 중생은 서로 차별이 없다

고 '이제는 숫자에 연연하지 않고 끊임없이 정진하리라. 올곧게 수행하리라.' 맹세와 함께 사경 공부도 함께 시작했다. 서툴기는 해도 붓 끝에 묵향을 묻히고 바른 마음, 바른 자세로 한 자 한 자 써가리라. 법화정사에서 사경법을 배워 사경한 지 20여 년이 지났다. 도림 스님 은혜를 갚을 길은 사경 도반을 찾아 권선하는 것뿐이라고 생각했다.

어느 날부터인가 한글 《법화경》 책 한 권과 노트 세 권, 붓펜 세 자루씩을 가지고 누구든 찾아가 사경 공부를 권하기 시작했다. 100명의 도반을 만날 때까지 하리라고 원을 세워 노력하던 중 85명의 도반을 만났고 그들도 권선하며 사경을 열심히 하고 있는데 내가 교통사고를 당해 중단되었다가 지금 113명의 도반을 찾았다. 그 도반들이 한 사람씩만 권선해도 이 땅은 불국토가 될 것이다. 해를 거듭할수록 숫자를 세는 버릇도 없어졌고 지금은 발을 뻗고 쓸 수밖에 없지만 마음만은 어느 때보다 더 청정하다.

지난해 갑오년에는 어느 때 부처님께서 부르실지 몰라 일자일배一字一拜를 오신채를 가려가면서 썼다. 일반 가정에서 쓸 수 있다는 용기에 한 자 쓰고 "감사합니다", 또 한 자 쓰고 "건강 주셔서 감사합니다" 한다. 그렇게 한문 《법화경》 한 질을 완성했다.

한 발 한 발 지장보살님 가까이 다가가는 30여 년 전, 나는 서울 강남에서 퇴근하여 곧바로 막차로 전북 고창행 버스에 올라 고창에서 선운사 입구까지밖에 못 간다는 택시에서 내려 2킬로미터가 넘는 도솔암까지 오직 지장보살님만 염하며 밤길도 즐겁게 찾아갔던 그곳. 어떤 때는 참담암 삼거리에 지혜라는 이름의 개가 마중 나와 기다리고 있기도 하고 어떤 때는 달빛이 환하게 비춰주어 편하게 갔던 그때, 한 달에 열네 번도 도솔암을 찾았던 기억이 새롭다. 그러니까 이틀에 한 번 지장보살님 앞에 엎드린 셈이다.

지장보살님과의
인연

2006년 2월 12일(음력 정월보름날, 불가에서는 동안거 해제일) 밤 9시경 교통사고를 크게 당했다. 새벽에 절에 간다고 두꺼운 옷과 모자를 쓴 덕에 머리와 허리는 안전한데 고관절이 깨지고 다리가 세 토막이 되어서 다시는 걸을 수 없을 것으로 모두들 생각했다. 지금은 절룩거리기는 해도 지팡이에 의지하여 도량을 거닐 수도 있고, 방에 앉아서 다리는 뻗고 있어도 사경할 수 있는 팔이 멀쩡하고 머리가 멀쩡해서 일자일배하며 최선을 다해 사경하고 있다. 내일을 약속할 수 없는 몸이고 오늘이 마지막이 될 수도 있기에 '도솔암 가는 길은 임 찾아가는 길이고 나를 찾아가는 길이다' 하고 그리워한다.

입원 5일 후부터 사경 준비물을 가져오게 하여 오전과 오후 2시간씩 사경을 했다. 침대에 앉아 식탁을 책상으로 삼고 빨간 표지의 한문《법화경》책을 베개 위에 펼쳐놓고 좁은 책상에 향을 꽂은 다음 붓에 먹물을 묻힐 때면 가슴이 뛰었다. 5개월쯤 사경할 수 있었다. 고마운 일이다. 사경한 것은 도솔암 가는 차편으로 보내서 조상님 천도재 때 살랐다.

병원을 바꿔 물리치료가 중심이 됐을 때도 사경은 계속했다. 돌이켜 보니 그렇게 신심이 쌓여가는 30여 년 전의 어느 날, 갑자기 얼굴 반쪽이 송곳으로 쑤시는 듯 아파서 정밀검사를 받았지만 병명이 나오지 않으니 약도 없다. 불현듯 기도를 해야겠다는 일념으로 그날 밤 오로지 지장보살만 염하면서 살려달라고 했다. 작정한 일주일 기도를 회향하는 밤, 꿈에 누군가 내 손바닥에 진주 같은 하얀 약 한 알을 주면서 "이 약을 먹으면 낫는다" 한다. "당신은 누구요" 하니 "나는 지장보살이다" 하면서 약이 있는 내 손을 내 입에 갖다 대니 약이 목에 걸려서 꿀꺽 삼키다 꿈을 깼다. 그 후 감쪽같이 통증은 사라지고 지금까지도 아무 이상이 없다. 나는 굳게 믿는다. 지장보살님의 가피라고. 그때가 1988년인가 1989년 가을이었다. 그해 12월 5일 도솔암에 가야겠다는 일념으로 집을 나섰다. 하늘은 흐렸는데 역시 막차로 가니 밤늦게 도착하여 돌계단을 단숨에 올라 법당에 엎드리자 그만 엉엉 울어버렸다. "보잘 것 없는 나를 살려주셔서 감사합니다."

돌아보니 남편에게도 이웃에게도 못할 짓만 하는 하찮은 존재였다. 하염없이 절을 하고 참회하는데 눈물과 콧물에 방석은 흠뻑 젖었다. 갑자기 법당 안이 환해졌다. 오직 촛불만 켜져 있을 뿐인데 빛이 넘치고 그 빛으로 인해 다른 아무것도 보이지 않고 지장보살님과 나만이 허공에 둥 떠있었다.

"지장보살, 지장보살" 하는 정근 소리만 들리는데 새벽이 밝아오는지도 모르고 절만 하고 있었다. 그때 맑은 목소리가 들려왔다. 돌아보니 스님 한 분이 두 손을 모으고 서 계셨다. 그 모습이 무척이나 정갈했다. 근엄하면서도 자애로웠다. 자혜 스님과의 첫 인연이 그렇게 시작되었다. 충남 청양에 있는 대한불교조계종 포란사에서 여법하게 수행 정진하고 계신 이 스님을 스승으로 모시고 지금까지 20여 년을 스님 가르침에 따르고 있다.

업장소멸
이야기

한 번은 된통 혼이 난 적이 있다. 그동안 사경한 노트를 모시고 제주에 가게 되었을 때의 일이다. 우리 일행은 제주행 비행기에 올라 정성껏 써간 사경을 각자의 무릎 위에 안고 갔다. 사리탑에 《법화경》을 모셔놓고 돗자리 넉 장을 사서 펴고 염불과 절을 하며 밤을 밝혔다. 만 명이 넘는 신도들이 모였으니 8월의 더운 날씨에 물이 부족하여 목욕도 하지 못했다. 더욱이 화장실도 모자라 발을 동동거리며 줄을 서느라 참기 힘들었다.

　나는 이 아수라장 같은 현실에 불만을 토하고 도반들을 데리고 그 새벽에 약천사로 갔다. 마침 새벽예불 중이어서 예불을 마치고 당시 주지스님이셨던 혜인 스님의 허락 아래 목욕도 하고 잠도 자고 아침까지 공양했다. 절집 인심이 이렇게 넉넉하고 포근할 수가 있나 싶어서 정말 좋았다. 그런데 약속시간에 맞춰 제주공항에 도착하니 갑자기 토사곽란이 일어났다. 오물까지 넘어오니 나는 죽을 지경이 됐다. 도반들의 도움으로 가까스로 김포에 도착했다.

다들 병원으로 가자는 것도 뿌리치고 곧바로 집으로 와서 밤새 참회 기도를 했다. 이튿날 서교동의 법화정사로 스님을 찾아뵙고 삼배를 올렸다. "용서해주십시오. 스님의 고충은 헤아리지 않고 불평만 했으니 벌을 받았습니다. 용서해주십시오." 얘기를 다 듣고 스님께서는 "벌 받은 것이 아니라 업장소멸했구먼" 하신다. 씻은 듯이 고통은 사라지고 마음마저 가벼웠다.

함께 기도하러 다니는 박 보살은 악성빈혈로 여러 병원을 전전했으나 효험이 없었다. 세무공무원이던 남편이 아예 직장을 그만두고 두 분이 기도처라고 소문난 절을 찾아 도솔암에 왔다가 우연히 나와 만났다. 그때는 남편분이 모 사찰의 사무장으로 절 일을 돕고 있었다. 지장보살님의 인연이었던가. 대뜸 남편분이 다음부터는 박 보살도 데리고 가달라고 부탁했다. 다음 날 사경책 일체를 준비하여 그 댁을 찾아 사경할 것을 권하면서 나도 함께 사경하면서 기도하자고 약속했다.

언제부터인지 알 수 없지만 나는 부처님께 떼를 쓰고 있었다. "박 보살의 병도 능히 고칠 수 있는데 두 분이 부처님만 믿고 있는데 고쳐주어야 다른 사람들도 신심이 더 날 것이니 꼭 건강하게 고쳐줄 것이다." 믿고 기도하다 잠이 들었다. 손에는 염주가 들려 있었다.

꿈에 박 보살 집에 갔는데 아무도 없어서 돌아서는데 마당에 손바닥만 한 껌 딱지가 새까맣게 붙어 있는 것이다. 삽을 찾아 떼어서 멀리 던지고 그 자리는 물로 씻으니 깨끗했다. 그래서 "좋다!" 소리치다 꿈을 깼다. 박 보살에게 꿈 얘기를 하면서, 감사기도를 입재하여 날짜를

정하여 회향하고 밤에는 《법화경》 사경을 하도록 권했다. 그랬더니 그 길로 남편이 있는 절에 가서 21일 기도 입재하고 매일 백팔배를 하며 귀가해서는 《법화경》 사경을 하고 정성껏 기도했다고 한다. 그런데 그렇게 했더니 병 증세가 없어졌다는 것이다. 의사도 기적이라 했단다. 내게 고맙다고 보약 한 재를 지어왔기에 기적이 아니라 분명 부처님이 감응하셨다고 했다. 그 후 박 보살은 건강이 더 좋아졌고 어려운 곳을 찾아다니며 봉사하고 있다.

마지막
숙제

약 15년 전부터 나는 도수 있는 안경을 벗고 맨 눈으로 사경하고 책을 읽는다. 약품 설명서의 깨알 같은 글씨도 읽을 수 있다. 늘 감사하는 마음으로 살아가는 나에게는 큰 숙제가 있다. 내게 그 비싼 한지 천 장을 6등분하여 사경하기 편하게 보내주신 대의행 보살님이 보고 있으므로 정성을 다해 끝마칠 때까지 나는 결코 죽을 수도 없다. 이 숙제를 회향하고 웃으면서 갈 수 있겠지.

　나라고 산이 무너지는 회한이 왜 없었겠는가. 이 고통, 이 슬픔, 선연이든 악연이든 이 또한 지나가리라. 이생에서 해탈하게 해달라고 용서를 빌며 《자비도량참법》을 사경하고 있다. 지금 나는 건강하게 사경 잘하고 있다. 그래서 나는 참 복이 많다.

공부는 거문고 줄을 고르는 것처럼
팽팽하거나 느슨함이 알맞아야 한다.
너무 애쓰면 집착하게 되고
잊어버리면 무명에 떨어진다.
그러므로 또렷하고 밝은 상태에서
끊임없이 이어져 늘 깨어 있어야 하느니라.

工夫 如調絃之法 緊緩 得其中 勤則近執着 忘則落無明 惺惺歷歷 密密綿綿

너무
급해서도
너무
느려서도
안
된다

문명화 김경연

스물넷 초겨울에 결혼을 했다. 남편은 나보다 두 살 많은, 갓 제대를 하고 대학원 복학을 앞둔 오래된 연인이었다. 우리는 서울 신림동 지하 셋방에서 신혼살림을 시작했다. 결혼을 할 무렵, 시어른께서 절에 다니기를 간청했다. 나는 당시 타 종교의 교인이었고 남편도 나를 따라 세례를 받은 상태였다. 그러나 시어머니의 간곡한 청을 거절하기 어려웠다. 또 종교 문제로 시댁과 마찰을 일으키고 싶지 않은 마음에서 개종을 결심했다.

개종을 결심했다고 해서 곧 절에 다니지는 않았다. 다만 내 종교를 주장하지 않았다는 뜻이다. 우리가 신접살림을 하던 곳과 인접해서 사자암이라는 아름다운 절이 있었다. 남편과 산책 삼아 길을 걷다보면

계절마다 다른 모습의 호젓한 산길이 나오는데 딱 쉬기 좋을 만한 곳에 절이 있었다.

불교가
무엇인지

놀이 삼아 가보던 그곳에서 어느 날 《초발심자경문初發心自警文》을 강의한다는 것을 알게 되었다. 종교로서 불교를 온전히 받아들인 것은 아니었지만 어쨌든 시어른의 말씀도 있고 해서 일단 불교의 교리가 무엇인지부터 알아보기로 했다.

그 후 1년 동안 《초발심자경문》을 들었다. 한 번도 결석하지 않았다. 경전 강의를 듣는 동안 큰아이를 출산했고 경전 강의가 끝날 무렵엔 남편의 대학원 졸업이 있었다. 그리고 우리는 남편의 일자리 관계로 경기도 마석이란 곳으로 이사하게 되었다. 남편은 미술관에서 큐레이터로 일을 하며 강릉과 청주 등으로 시간강사를 나가기 시작했다. 절로 가는 길이 부처님의 '션믈'*이었다. (*'뇌물'의 옛말)

그 후 7년이 지났다. 남편은 여전히 시간강사였다. 박사 코스를 공부해야 했지만 우리 현실은 공부를 계속할 엄두가 안 날 만큼 궁핍했다. 서울에 시간강사 자리가 나서 먼 지방에서 서울로 옮긴 것이 그나마 다행이었다. 대학교에 자리가 나면 외국에서 공부하던 선배나 동기들이 속속 들어와서 남편에게는 기회가 오지 않았다. 그 무렵, 우리는 남편의 일터와 가까운 사당동의 반지하로 이사를 했다. 하루는 아이 둘을 데리고 마트에 가는데 전봇대에 붙은 '어린이 법회' 전단을 보았다. 무슨 마음에선지 서둘러 그 절에 갔다.

결혼 후, 종교는 내내 마음속에 갈등을 일으키고 있었다. 시어른의 말씀을 거역하기도 어려웠고 그렇다고 내 종교를 완전히 버리기도 어려웠다. 그렇게 십 년 가까운 시간이 흘러 있었다. 나는 혹시 부처님께 귀의하면 시어른의 말씀대로 남편이 교수가 될 수 있을까 하는 현실적인 욕심이 일었다. 그동안 절은 놀이 삼아 가는 곳이었고, 불교 교리가 좋아서 표면적으로 좇을 뿐이었다.

즐거운
어린이 법회

어린이 법회를 한다는 절의 주지스님께서는 온화하시고 자애로우셨다. 정말 글이나 말속에 계신 분 같았다. 어린이 법회 창립하는 날부터 아이들의 간식을 준비하고 뒷정리를 했다. 그리고 주로 동네 아이들을 포교하는 데 힘을 썼다. 그때는 '내가 포교를 잘 해야지' 하는 마음이 아니었다. 내 아이들의 친구들이 동네 아이들이었고 토요일 오후 아는 아이들이 절에 모여 어울려 노는 것이 보기 좋았다. 절 마당에 아이들의 떠드는 소리가 시끄러워도 아무도 야단하는 사람이 없었다.

남편 출근하고 큰아이가 유치원에 가면 작은아이 업고 매일 동네 한 바퀴를 돌았다. 아는 집에 들러 커피 한 잔 마시고 이런 이야기 저런 이야기를 했다. 그러다 이야기가 길어지면 옆집 아줌마가 놀러오고, 그 아이도 토요일에 절에 가자고 말하기 쉬웠다. 알음알음으로 온 동네를 한 바퀴 돌면 어느새 큰아이가 돌아올 시간이 되어 있었다. 재미있었고 즐거웠다.

절의 어린이 법회 선생님은 재주꾼이었다. 갓 대학을 졸업한 분인데 어쩜 그렇게 아이들을 잘 이끌고 재미있고 즐겁게 교육시키는지 아이들을 절까지 데리고만 가면 되었다. 그때 어린이 법회 소임을 맡은 사람이 여럿이었는데 우리들은 정말 손발이 잘 맞았다.

그렇게 동네를 돌다보니 어느새 아는 얼굴도 생기고 갈 때마다 돈을 주셨다. 나의 무엇을 믿고 돈을 선뜻 건네주셨는지 모르겠지만 그렇게 몇 천 원이 모여서 몇 만 원이 되고 큰돈이 되었다. 또 절의 보살님들은 가족 기념일에는 많은 돈을 어린이 법회에 보시해 주셨다. 우리 어린이 법회 아이들에게는 좋은 재료로 풍성하고 맛있는 간식을 줄 수 있었고, 첫해 겨울 어린이 수련회를 마치고 기념품을 주었는데 배낭에 '정안정사 어린이 법회 겨울 수련회'라고 써 붙여 나누어 주었다. 이 가방은 큰아이 초등학교 졸업할 때까지 잘 썼다.

어린이 법회가 활성화 될수록 나의 동네 나들이도 늘어났다. 여전히 즐겁고 행복했다. 그런 나에게 주지스님께서 특별히 기도를 주셨다. 그때는 삼배도 겨우 할 정도였는데 어쨌든 스님께서 주신 기도를 해냈다.

그렇게 어린이 법회를 시작한 지 일 년 반이 지나고 주지스님께서 주신 기도를 다 끝낼 무렵 남편이 대학교수로 임용되었다.

사랑한다는
것의 진실

절에 가서 일과하는 것이 행복했다. 어린이 법회는 그 뒤로도 오랫동안 했는데 지금도 나를 어린이 법회 선생님으로 기억하시는 분들이 많이 계신다. 그리고 아이 때문에 절에 다니기 시작했다는 이야기도 심심치 않게 들었다. 우리가 어린이 법회를 꼭 해야 하는 이유이기도 하다. 살면서 어린이 법회를 통해 좋은 인연을 많이 맺었다. 내 가장 친한 도반도 어린이 법회 때 알게 된 학부모다.

이렇게 부처님의 가피 안에서 남편과 아이들과 잘 먹고 잘 살았다. 그런데 작은 문제가 생겼다. 내가 가족과 하나일 것이라는 착각을 하고 있었다. 착각은 집착을 낳게 했고 가족들이 아무리 잘 해도 나의 욕심은 끝이 없었다. 더 많은 것을 요구하게 되었고 내가 가족에게 하는 것만큼 가족들이 내 욕심을 채워주기를 바랐다. 물론 말로는 아니라고 했지만 가만히 내 속을 들여다보면 욕심이 차고 넘쳤다. 결국 큰딸이 대학을 졸업할 무렵 나에게서 멀어져 갔다. 작은아들은 군에 입대하며 아버지 손을 잡고 "아버지, 제가 돌아올 때까지 잘 견뎌보세요"라고 했다.

내가 가장 행복할 때는 가족을 위해 무엇인가를 할 때인데 가족들은 나의 정성과 사랑에 힘들어 했다. 배가 불러서 아무것도 못 먹을 지경인 사람에게 나는 계속 더 먹으라고 성화를 하는 꼴이었다. 가족들은 제발 자신에게 관심을 가지지 말아 달라고 애원했다. 가족이 곁에 있어도 외로웠고 가족에게 사랑을 구걸하는 내 모습에 나 자신이 낯설었다. 무엇인가 결심을 내려야 할 때가 되었다. 무엇을 할 것인가?

그러다 지난 해, 절에서 하는 심리 상담 프로그램에 참여하게 되었다. 심리 상담 프로그램이 진행될수록 내가 가족에게 베푼 것은 사랑이 아니라 지독한 아집이라는 것을 깨달았다. 세 번째 심리 상담이 끝나고 절 마당에 내려섰는데 가을이 와 있었다. 국화가 눈에 들어왔다. 국화의 이파리는 찬바람에 누렇게 색이 바래 있었고 늦가을 햇살에 마지막 안간힘을 쓰듯이 선명한 빛을 내고 있었다. 처연했다. 딱 나를 닮아 있었다. 그리고 갑자기 내 눈에 눈물이 흘렀다.

이제는 나를 위해 기도하고 나를 위해 무엇인가를 베풀기로 했다. 현실에서 도전하고 쟁취하기에는 좀 버거운 것이 필요했다. 정말 내가 하고 싶은 것이 무엇인지 오랜 시간 동안 고민했다. 그리고 대학원에 진학하기로 결심했다. 오래전부터 공부를 하고 싶었지만 이미 너무 많은 나이가 걸렸고 나 자신을 위해 돈을 쓰는 것이 싫었다. 게다가 대학원 학비는 만만치 않다고 들었다. 그때 나의 성격을 잘 아시는 스님께서 "보살님은 이제 자신을 위해 비싼 영양주사를 맞아야 할 때가 되었다"고 말씀해주셨다. 대학원은 나에게 있어서 그 무엇보다 비싼 보약이 될 것이라고 격려하셨다.

당시에는 일주일에 열 시간 정도 중학교 방과후 수업을 맡았었는데 일을 마치고 나면 매일 도서관에 가서 공부를 했다. 찬바람에 옷이 점점 두꺼워질 무렵, 대학원 원서를 내고 면접을 보고 합격을 했다. 나는 지금 교육대학원에서 공부를 하고 있다.

부처님의
선물

여기까지 쓰고 나니 매우 숨 가쁘게 살아온 것 같은 내 삶이 보인다. 절에 다니기 시작하면서부터 내 삶에서 종교를 떼어내고는 설명이 안된다. 단 몇 줄로 요약할 수 없다. 처음 절을 해봤을 때부터 지금까지 절하는 것을 하루도 놓치지 않았다. 한 걸음 디딜 때, 한 마디 말을 할 때조차 나는 항상 불교 안에 있었다. 그리고 참 튼튼한 보호막이 나를 감싸주고 있다는 것을 느꼈다.

살면서 우여곡절이 왜 없었겠는가. 글로 쓰려고 하니 마음이 쓰리고 애달픈 게 너무 많다. 그래도 그때마다 무던하게 잘 견뎌왔던 것 같다.

대학원에 입학하니 시간이 없었다. 익숙하지 않은 공부를 하려니 허둥지둥거리기 일쑤였다. 집안은 정리가 안 되고 음식은 허술해졌는데 가족은 오히려 좋다고 한다. 살 것 같다고 한다. 남편은 분리수거를 한 번도 해본 적이 없다. 일부러 안 한 게 아니라 내가 하늘같은 가족들이 하는 게 싫어서 할 기회를 주지 않았다. 그런데 요즘은 소리 없이 집안일을 해준다. 예전 같았으면 편치 않았을 터인데 견딜 만하다.

군에 있는 아들은 나더러 제발 면회 오지 마시고 공부 열심히 하라고 한다. 아직 딸은 나에게서 멀어져 돌아올 기미가 없다. 그러나 가족들이 내가 하는 공부를 무사히 잘 마치길 기다려 주듯이 나는 딸이 나에게 다가오기를 기다려야 할 것 같다. 그 기다림이 조급하지 않은 까닭은 그래도 마음속 깊은 곳엔 우리가 서로 사랑하고 신뢰하고 있다는 믿음 때문이다.

첫 중간고사가 시작될 무렵이다. 얼마나 긴장을 했는지 어깨가 움직이질 않았다. 그런데 도반 둘이 굳이 집으로 오겠다고 연락이 왔다. 시험 끝나고 만나자니까 바쁠 때 만나는 사이가 좋은 사이라고 우겼다. 웬만하면 '알았다'고 할 사람들인데 뭔가 싶었다. 김치, 밑반찬, 깨 볶은 것을 한가득 들고 왔다. 청소가 안 되어 있는 우리 집에 들어서자마자 두 손을 걷어붙이고 한 사람은 부엌으로 들어가고 한 사람은 청소기를 찾아들었다. 그리고 나더러 아무 소리 말고 식탁에 앉아 공부하란다.

나는 그들이 돌아가고 부엌에서 한동안 가만히 서 있었다. 반찬을 한 번씩 먹기 좋을 만큼 덜어 통에 담아 놓았다. 안 봐도 안다고, 그래서 찾아왔다며 시험기간 걱정하지 말고 공부하라며 반찬이며 청소를 후다닥 해주고 돌아간 내 도반들. 내 도반들은 자기가 가진 게 두 개가 있으면 좋은 건 다른 사람 주고 덜 좋은 건 자기가 한다. 나는 이런 사람들을 도반으로 두고 있다. 이게 바로 내 기도의 가피다.

지금 내 기도의 가피는 더불어 사는 행복함이다. 그러나 나는 안다. 더불어 행복해진다는 것이 얼마나 어렵고 더딘 일인지. 마지막으로 내가 받은 부처님의 좋은 '션믈'을 온 세상에 좋게 회향하기를 간절히 기도한다. 그리고 멀어진 딸이 내 곁에 오기를….

성문은 깊은 숲 속에 가만히 앉아 있어도

마왕에게 쉽게 붙잡히지만,

보살은 시장통을 마음대로 노닐어도

마왕이 찾지 못하느니라.

聲聞 宴坐林中 被魔王捉

菩薩 遊戱世間 外魔不覓

매사에 공적하면 참다운 자유인

명만월 이건순

어린 시절을 시골에서 살았다. 당시 불자였던 어머니는 가끔씩 날을 정해 새벽부터 한복을 곱게 차려 입으시고 전날 저녁부터 닦아 놓은 하얀 고무신을 신고는 무명천으로 싼 공양미를 머리에 이고 집을 나서 곤 했다. 아마 초하루이거나 보름이었겠다. 너무 어린 시절이라 부처님 을 존경했다기보다는 그저 하늘보다 더 높으신 분이라는 생각만 들었 던 그런 때가 있었다.

그렇게 시간이 흘러 어느덧 내 나이 오십 자락이 되던 해, 하얀 눈이 내 려 온 세상을 아름답게 덮어서 모두가 즐거워하던 날이었다. 평소처럼 출 근을 하던 남편은 큰딸아이에게 "길이 미끄러우니 조심히 운전해야 한 다"며 평소에는 하지 않던 걱정스런 마음을 담아 한 통의 전화를 했다.

그리고 그날 저녁, 가족들은 갑작스런 소식을 접하고 말았다. 미끄러운 눈길에 자동차 바퀴가 미끄러져 남편이 사고를 당했다는 비보였다.

첫 번째
화살

연락을 받은 순간 온몸이 마비되는 듯 정신이 희미해졌다. 평소 몸이 좋지 않았던 남편이었기에 어떤 큰일이 생겼을지도 모른다는 불안한 생각이 엄습해왔다. 그 순간 '항상 깨어있으라'는 부처님의 말씀이 생각나 마음을 가다듬고 정신을 차린 후 병원으로 달려갔다.

응급실에 실려 온 남편은 사고로 인해 머리를 다쳤고, 뇌출혈이 발생하여 위중한 상태였다. 의사들이 황급히 수술실로 향했고 생사가 오가는 위급한 수술이 곧바로 이루어졌다. 오랜 시간이 지나고 수술은 끝났지만 남편은 좀처럼 의식을 찾지 못했다. 눈도 채 뜨지 못하고 있는 남편 옆에서 하염없이 염주를 굴리며 약사여래부처님과 관세음보살님께 부디 깨어나게 해주십사 발원하며 간절히 기도했다. 그렇게 의식이 돌아오지 않은 채로 일주일의 시간이 흐른 뒤에야 남편은 간신히 눈을 뜰 수 있을 정도의 의식을 회복했다. 하지만 사고와 수술 후유증으로 인해 몸 전체가 마비 상태가 되었고 그때부터 기나긴 병원 생활이 시작되었다.

아픈 남편을 위해 내가 할 수 있는 것은 오직 부처님께 기도를 드리는 것뿐이었다. 병실 창문 너머로 별빛과 달빛이 여전히 선명한 새벽까지도 기도를 멈추지 않았다. 비록 몸과 마음이 힘들고 고단했지만 자신의 몸조차 가누지 못하는 남편의 고통에 비할 수 없었기에 이까짓 피곤함은 견뎌낼 수 있다고 마음먹고 기도를 게을리 하지 않았다. 하루에도 백팔배로 시작해 몇 천배를 올리며 약사여래부처님께 남편의 회복을 빌며 의지했다.

간절한 기도 덕분인지 부처님께서는 남편을 지나치지 않으셨다. 가족들의 끊임없는 정성과 기도 속에 남편은 기필코 일어서겠다는 의지와 희망을 갖고 마비된 전신을 일으키기 위해 안간힘을 썼다. 자신을 위해 매일같이 기도하는 나와 자식들이 남편에게는 믿음이고 희망이었기 때문이다. 그렇게 병원 생활을 이어가던 어느 날 거짓말 같은 꿈을 꾸게 되었다. 곤히 잠든 어느 날 밤, 꿈속에 부처님이 찾아오셔서는 "어서 집으로 가야지" 하고는 홀연히 사라지셨다. 너무나도 선명해 이꿈이 현실이 될 수 있다는 강한 믿음을 갖게 되었고 남편과 함께 아프고 힘든 재활치료를 이어갔다. 반년이 넘는 기간 동안 남편과 함께 운동하고 꾸준히 치료를 받으며 때론 좌절하기도 하고 절망감에 눈물을 흘리기도 했다. 이런 내 모습을 보며 남편은 '내가 더 용기를 내서 꼭 혼자의 힘으로 일어나겠다'는 생각을 했다고 한다.

그렇게 얼마간의 시간이 흘렀고 끊임없이 노력한 끝에 남편은 마침내 혼자 힘으로 한두 걸음을 뗄 수 있을 정도로 회복되었다. 나를 의지하지 않고 스스로 한 발짝, 두 발짝 조심스레 발을 옮기던 남편의 표정이 아직도 생생하다. 예전처럼 건강해지기는 어려울 것이라고 했던

매사에 공적하면 참다운 자유인

많은 사람들도 기적처럼 건강을 회복한 남편을 보며 함께 기뻐해주었다. 비록 사고가 나기 이전처럼은 아니었지만 다시 일어날 수 있었던 것은 분명 부처님께서 우리 가족들에게 보내주신 선물이라 생각한다.

하루하루가
감사합니다

남편의 건강은 빠른 속도로 회복되어갔고 어느덧 내가 다니는 사찰에 함께 갈 수 있을 정도가 되었다. 집 뒤편에 있는 나지막한 산 중턱에 자리 잡고 있는 사찰에 들러 꾸준히 기도를 올렸고 부처님 도량에 소원을 빌며 봉사하는 것을 일상으로 여겼다. 그 사이 큰 뜻을 품고 불교대학에 입학하여 불법의 진리를 배우며 하루하루를 감사하는 마음으로 지냈다. 종교의 화합을 위해 천주교와 불교가 함께하는 한마당 축제를 하기도 했고 동지섣달 새벽녘부터 다 함께 모여 팥죽을 쑤어 먹기도 했다. 하얀 눈이 소복이 쌓인 연말에 진행되는 타종식에도 참여하여 다가올 새해에도 무해무탈하기를 기원했다. 나와 남편은 부처님의 은혜에 더욱 감사드리며 불법에 대한 신심을 키워 나갔다. 부처님 곁으로 한 걸음씩 더 가까이 다가가는 불자가 되어 보살심으로 사랑을 받으니 이것이야말로 청정도량의 신심이 아닐 수 없었다.

   그렇게 불심을 키워가던 어느 날, 남편이 이런 말을 했다. "고생을 딛고 일어나 나의 두 다리로 직접 산에 오르고 싶다." 그리곤 "그 산에 있는 사찰에서 기도하면서 언제 나를 찾아올지 모르는 죽음을 의연하게 맞이하고 싶다"는 말을 덧붙였다. 기도와 봉사를 게을리 하지 않았던 나에게 남편의 이 말은 큰 축복으로 느껴졌다.

나는 남편의 산행을 흔쾌히 받아들였고 이후 남편은 평소 가고 싶었던 사찰들을 두루 다니며 진심을 다해 부처님께 기도를 드렸다. 나 역시 기도 봉사를 허술히 하지 않았고 매월 초하루에 열리는 법회에서 법문을 해주시는 큰스님께 드릴 점심 공양을 직접 준비하여 올려드리기도 했다. 조금 부족한 솜씨일지 모르나, 정성을 맛보셨을 많은 큰스님들께 더욱 감사한 마음을 갖게 되었다. 그렇게 5년여의 시간이 흘렀다.

두 번째
화살

을미년 새해가 밝았다. 등산을 통해 꾸준히 건강을 회복해가던 남편은 여느 때처럼 아침 일찍 산에 갈 준비를 마친 후 문을 나섰다. 매일하는 똑같은 말이지만 그날도 어김없이 남편에게 "조심히 잘 다녀오세요" 했다. 그리고는 새해 인사를 드리기 위해 절에 올랐다. 그날은 유난히도 황사가 심한 날이었다. 아침부터 틀어놓은 뉴스에서 올해 들어 가장 심한 황사라며 건강에 유의하라는 말을 반복했던 그런 날이었다. 그래서인지 그날따라 점심 공양을 하러 오는 등산객과 신도들도 적었다. 평소와 다름없이 봉사를 마치고 집에 돌아갈 때가 되어 문득 남편

매사에 공적하면 참다운 자유인

이 생각났다. 평소 같았으면 벌써 집에 도착했다는 연락을 해오던 남편에게서 아무 연락이 오지 않았다. 그렇게 황사가 짙은 그날, 자신의 숨소리조차 숨긴 채 산에서 떠난 남편의 소식을 들을 수 있었다.

하늘이 무너져 내린다면 이런 기분이었을까. 평소 그렇게도 산을 좋아하고 산행을 게을리 하지 않았던 남편, 등산으로 건강을 되찾아 가고 있던 남편의 모습을 보며 우리 가정에도 행복이 깃들고 있다고 생각했는데 남편은 그렇게 허망하게 나와 자식들의 곁을 떠나고 말았다. 그렇게 남편을 떠나보내고 아픈 가슴을 애써 부여잡으며 평소 남편과 함께 올랐던 호압사 약사전 법당에 영정 사진을 올려놓았다. 날마다 사진 속 남편의 얼굴을 매만지면서 아무런 대답도 하지 않는 남편에게 혼잣말을 하기도 했다. 기적처럼 건강을 회복했던 남편을 보며 함께 응원해주던 도반들도 나를 찾아와 슬픔과 아픔을 함께 나누자며 극락왕생을 기원해주기도 했다. 그때마다 가슴이 미어지는 아픔을 차마 숨기지 못하고 눈물을 흘렸다.

그렇게 남편을 멀리 보냈다. 허공에 연등을 달고 날개를 달고 많은 도반들이 정성을 담아 보내준 꽃마차를 타고 솜처럼 포근한 구름을 사뿐히 밟으며 남편은 떠났다. 나무아미타불 극락왕생을 빌어주시던 수많은 스님들의 기도 소리도 귀담아 들었을 것이다.

제 자식이지만 너무 예뻐서 만지기도 아깝다던 두 딸, 늦둥이지만 이젠 제법 듬직해져서 자랑스럽다며 칭찬하던 막내아들 그리고 아픈 남편을 오랫동안 뒷바라지 하느라 고생 많았다며 나에게 이제는 함께 더 행복하자는 소원을 빼곡하게 적어놓았던 남편. 남겨진 흔적을 보며 이젠 마주할 수 없는 사람이라는 것을 알면서도 가슴 한 켠이 더욱 미어진다.

행복은
내 안에 있다

슬픔이 길어지면 병이 된다고들 하던가. 그래서 요즘엔 내 자신에게 슬퍼할 시간조차 허락하지 않은 채 봉사에 더욱 매진하고 있다. 법회에서 법문을 해주시는 큰스님께 드릴 공양을 여러 도반들과 함께 감사한 마음으로 준비하면서 초하루를 보내고 슬픔을 딛고 일어서고 있다.

　이렇게 행복은 멀리 있는 것이 아니라 바로 내 안에 있다는 가르침을 느끼면서 "꽃잎은 떨어져도 꽃은 지지 않는다"는 어느 시인의 시 한 소절을 떠올려본다. 그리 길지 않았지만 행복했던 우리의 시간들이 있었기에 앞으로 살아갈 더 큰 용기를 품고 내일을 맞이할 준비를 한다.

한 마음에서 일어나는 것이니

생사는 허공의 헛꽃과 같으니라

참다운 예배는 자신의 아집을 항복받는 것

모든 법은 본래 항상 그대로 열반이라

제 3 부

어린아이와 같은 자유로움으로

죽이고 훔치고 음행하고 거짓말하는 것이

한 마음에서 일어나는 것이니,

이를 자세히 관찰하면 일어나는 곳이

텅 비어 고요할 것이니 무엇을 다시 끊으리오.

諦觀殺盜淫妄 從一心上起 當處便寂 何須更斷

한 마음에서 일어나는 것이니

경오 인인수(가명)

"인인수 씨, 상고 판결문이 왔습니다."

벽에 등을 기대고 앉아 있던 나는 수갑 찬 손을 창살 사이로 내밀었다. 근무자가 전해주는 판결문을 손에 쥔 순간, 알 수 없는 감정들이 나를 휩쓸고 지나갔다. 2심까지의 재판 결과가 사형이었기에 삶에 대한 희망은 접어버렸지만, 혹시나 하는 일말의 기대감이 판결문을 읽게 만들었다. 기대가 무너지기까지는 그리 긴 시간이 필요치 않았다. 상고를 기각한다는 내용이었기 때문이다. 그날 이후로 나는 사형수의 삶을 시작하게 되었다. 목숨을 내어놓고 사는 삶, 희망이란 단어를 가슴에서 지워야 하는 삶, 그렇게 후회와 고통 속에서 죽음을 기다리고 있었다. 꽃피는 3월에 나는 사형수가 된 것이다.

불나방
같은 삶

사건이 있었던 날은 지금도 잊히지 않는다. 방탕하고 무절제한 생활에 빠져 가족들을 실망시키고 허송세월하던 시기였다. 직장을 구해도 쉽게 그만두는 바람에 3개월 이상 봉급을 타본 적이 없었다. 불빛에 달려드는 나방처럼 자극적이고 정신을 황폐하게 만드는 쾌락만을 추구했다. 그때는 옆에서 놀아주는 친구가 우선이었고, 주변에서 충고를 해주는 사람들이 모두 귀찮은 존재로 느껴졌다. 그러다 돈의 유혹에 빠져 사람을 해치는 어리석은 짓을 저질렀다. 그날 이후로 나의 삶은 끝이 안 보이는 길고 긴 어둠의 터널 속이었다.

매일 아침 눈을 뜨지만 살아있다는 느낌을 가질 수 없었다. 시시각각으로 다가오는 죽음 앞에서 혼이 나가버린 사람처럼 있을 뿐이다. 그래도 가족들은 나를 사람 죽인 살인범, 죽음을 기다리는 사형수로 보지 않고 여전히 착한 아들, 좋은 오빠로 대해주었다. 구치소에 있으면서 숨통이 트이는 순간은 뭐니 뭐니 해도 접견하는 시간이다. 갈피를 잡을 수 없는 생활 중에 가족들의 위로와 사랑이 나를 인정시켜주었기 때문이다. 대화의 절반은 울음이 차지했지만 그렇게 한바탕 울고 가족들에게 용서를 구하고 나면 몸과 마음이 한결 가벼워졌다. 하지만 처음 접견장에 갔을 때는 괴로움 투성이었다. 왼쪽 가슴에 사형수를 나타내는 붉은 수번을 달고 손목엔 수갑을 찬 채로 접견실로 들어갔는데, 그 모습을 본 아버지와 여동생은 그 자리에서 바로 무너져버렸다. 부모의 눈에 수갑 찬 아들의 모습이 또 여동생의 눈에 초췌한 오빠의 모습이 좋게 보일 리 없었을 테고, 그렇게 괴로워하는 가족의 모습에 나 또한 고통이 심했다. 물밀듯이 밀려오는 후회와 자책으로 고개를 들 수 없었다.

그래도
살고 싶다

사형수로 사는 것도 사는 것이라고 시간은 변함없이 흘러갔다. 그러던 중 첫 번째 사형 집행 소식을 듣게 되었다. 구치소는 온통 집행 소식에 어수선했고 접견을 다녀온 사람들은 누가 죽었다는 이야기를 전해주었다. 나는 얼이 빠져 뒤 마려운 강아지마냥 방 안을 계속 서성거렸다. 창밖으로 직원의 모습만 보여도 가슴이 내려앉아 어찌하지 못했다. 마약에 취해 돈 때문에 다른 이의 소중한 목숨을 앗은 내가 정작 스스로의 목숨은 무엇보다 아끼는 이중적인 모습을 보이는 것이었다. 그런 행태가 부끄러웠지만 그때의 나로선 죽고 싶지 않다는 마음뿐이었다. 요행히 살아남았지만 사형 집행이 끝난 후에도 한동안 정신을 차릴 수가 없었다. 넋이 나간 사람처럼 살았다. 그러다 어머님의 말씀이 불현듯 생각났다.

"인수야, 부처님 전에 가서 참회하고 빌어, 엄마의 마지막 소원이야."

도무지 삶의 의미를 찾지 못하던 때에 어머니의 부탁이 떠올랐다. 가슴이 뛰기 시작했다. 죽기 전에 뭔가 해야 할 일이 생긴 것이다. 부랴부랴 교무과 불교 담당을 만나 면담을 했고, 그 다음 주에 서울구치소에서 오랜 세월 사형수 교화를 담당해 오셨던 노병섭 법사님을 뵙게 되었다. 그렇게 시작된 불교 공부는 조금씩 내 마음에 자리 잡기 시작했다. 하루는 꿈속에 처참하게 죽어간 피해자들이 나타났다. 나를 향해 다가오는 그들을 피하기 위해 발버둥을 쳤지만 몸을 옴짝달싹 할 수 없었다. 잠을 깨고 나서도 가슴이 진정되지 않았다.

나는 노법사님께 꿈 이야기를 했고, 법사님은 삼천배 정진을 해답으로 내놓으셨다. 진심을 담아 참회를 하면서 한 번 숙일 때마다 정성을 쏟아야 한다는 말씀도 하셨다. 그동안 죽음에 대한 공포에 절절매기만 하고 내 처지만 비관해 원망과 후회만 할 줄 알았지 한 번도 진심을 담아 참회를 해본 적은 없었다.

다음 날 오전, 일찍 일어나 냉수로 몸을 정갈히 하고 법당으로 갔다. 오전 9시부터 부처님 전에 절을 올리기 시작했다. 옆에선 노법사님이 참회진언을 해주셨고, 나의 눈에선 하염없이 눈물이 흘러 내렸다. 절이 어느 정도 진행되자 다리는 후들거렸고, 수갑 찬 손목은 천 근이나 된 듯이 들어올리기도 벅찼다. 이천배를 넘기면서 몸에 한계가 왔다. 절을 하는 속도도 점점 느려지고 있었다. 포기하고 싶은 마음이 커질 때쯤 법사님의 호통이 있었다.

"피해자를 생각하면 이 정도는 아무것도 아니다."

그 소릴 듣는 순간 다시 마음을 다해 절을 하기 시작했다. 아침 일찍 시작한 삼천배가 오후 늦게서야 끝이 났다. 수갑 때문에 손목은 다 까지고, 온몸은 물먹은 솜처럼 무거웠지만, 마음은 그 어느 때보다 편안했다. 절을 하면서 스스로를 낮추고 참회하는 방식의 수행은 지금까지 이어지고 있다. 방에서는 주로 《법화경》을 독송하고 사경했다. 부처님의 경전을 베껴 쓰면서 죽음에 대한 공포가 희미해지는 걸 느꼈다. 지금은 세상에 안 계시지만 노법사님의 가르침에 고개가 절로 숙여진다.

나를 사람으로
대해주는 사람들

공부 중에 부처님의 가피로 소중한 분들과 인연이 닿았다. 불교여성개발원에서 여러 법사님들이 불자 사형수들과 함께 공부를 하기 위해 구치소를 찾아주신 것이다. 그분들과의 만남은 삶을 바라보는 시각을 바꿔놓았다. 누구라도 경원시하고 두려워하는 사형수라는 존재를, 내가 저지른 범죄로 나를 판단하지 않고, 오로지 똑같은 사람으로 동등하게 대해주었고, 평등한 부처님의 가르침을 몸소 실천해 보여주었다. 외부인에게 쉽게 마음을 열지 못했던 나는 그분들의 진실한 보살행을 보고 마음을 다해 공부를 하기 시작했다. 매주 한 번씩 법사님들께 《금강경》을 배우면서 삶과 죽음에 대한 지나친 집착을 버릴 수 있었다. 법사님들은 불자 사형수들에게 천일기도를 제안하셨고, 우리는 모두 흔쾌히 기도에 동참하게 됐다.

　기도가 300일 정도 이어지던 2002년 겨울에 고맙고 기쁜 소식이 담장 안으로 날아들었다. 사형수 중 몇 명이 무기징역으로 감형 받았다는 소식이었다. 그중에는 같이 공부하던 불자 사형수도 끼어 있어서, 기쁨이 배가 되었다. 부러운 마음이 없었다면 거짓말이고, '내게도 저런 부처님의 가피가 생길 수 있을까' 했던 기억이 있다. 그때 감형 받은 친구와 지금은 같은 교도소, 같은 일터에서 생활하고 있으니 참으로 깊은 인연이라 하겠다.

행복과 불행은 같이 다닌다는 말처럼 내게 작은 시련이 찾아왔다. 아내와의 이혼이 그것이다. 그동안 어려운 사정임에도 불구하고 싫은 내색 하나 없이 묵묵히 아이들을 키우던 아내에게 먼저 이혼 얘기를 꺼냈다. 얘기를 꺼내기까지 힘든 과정이 있었지만, 아내에게 새로운 삶을 찾아주고 싶은 마음이 주저함을 눌렀다. 아내는 예상대로 펄쩍 뛰었지만 거듭된 나의 강요와 설득에 결국 합의이혼을 했다. 나의 욕심대로라면 내 곁에서 오래오래 머물러주길 원했지만, 그 길이 얼마나 고통스러운가를 알기에 차마 함께 가자고 권할 수가 없었다. 지금은 잘 살고 있다는 소식만 주변을 통해 듣고 있다. 과거는 모두 잊고 남은 세월 행복하게 살기를 바라는 마음이다.

그렇게 천일기도를 무사히 회향하고 다시 이천일 기도로 넘어갔다. 법사님을 모시고 《금강경》에 담긴 깊은 뜻을 배우고, 방으로 돌아와서는 사경에만 몰두하는 시간이 계속 늘어가고 있었다. 죽음을 목전에 두고 하는 공부라 내 마음에 절박함이 컸다. 불교 공부를 하면서 자신을 있는 그대로 볼 수 있었다. 마약에 취해 가정을 등한시한 것도, 성실하게 살 생각은 안 하고 일확천금만 바란 것도, 급기야 돈의 유혹을 이기지 못해 사람을 죽인 것도, 모두가 스스로 짓고 스스로 거두는 누구의 탓도 아닌 내 탓인 것이다. 처음엔 가난한 부모를 원망하고, 살아가는 데 도움을 주지 않는 형제들에게 입에 담지 못할 악담을 퍼부었고, 세상을 비판하는 걸로 하루를 보냈다. 그런데 부처님의 말씀이 담긴 경전을 공부하면서 가슴 속에 품고 있던 욕망의 불꽃이 사그라졌고, 과거의 내 모습이 부끄럽게 생각되었다.

죽음 앞에
열린 삶

사형수로 산 지 10년 차를 넘기면서 삶 자체가 고맙고 감사하게 느껴졌다. 스스로 생각하길 '이젠 사형집행이 있어도 기꺼운 마음으로 갈 수 있겠다' 했다. 이천일 기도는 순조롭게 진행되었다. 열의를 가지고 기도 동참하시는 법사님들과 한마음으로 공부에 마음을 다하는 도반들의 노력이 있었기에 가능한 일이었다. 돌이켜보면 그 어느 시간보다도 내 자신과 삶에 대해 진지하게 마주할 수 있었던 순간이었다. 어느새 이천일 기도도 막바지로 향하고 있었다. 회향까지 한 달여밖에 남지 않은 것이다. 수형자가 관규를 위반하지 않는 것은 당연한 일이지만 기도 기간에는 더더욱 몸과 마음의 처신에 신중을 기했다. 그렇게 2007년이 지나갔고, 2008년 새해가 밝았다.

2008년 1월 1일. 추웠지만 새해를 맞이하는 날이어서 냉수욕을 하

117

한 마음에서 일어나는 것이니

고 여느 때와 다름없이 《금강경》을 독송하고 있었다. 그때 직원이 갑자기 방문을 열었다. 휴일이라 방문이 열릴 일이 없는데 '무슨 일이지?' 하는 생각이 들었다. 직원은 나를 쳐다보면서 "인인수 씨, 옷 입고 나오세요. 과장님 면담 있습니다" 했다. 휴일에 급작스런 만남이라니. 순간 여러 생각이 머릿속을 스치고 지나갔다. 그래도 가지 않을 수 없는 노릇이어서 직원의 지시에 따라 문 밖을 나와 보안과장실로 걸음을 옮겼다.

직원의 안내로 보안과장과 마주했다. "무기징역으로 감형됐습니다. 축하합니다." 도무지 무슨 상황인지 어안이 벙벙했다. '감형이라니? 마약에 취해 무고한 생명을 앗아버린 나 같은 놈에게 감형이라니…' 믿기지 않는 현실에 아무 말도 못하고 눈물만 흘리고 있었다. "인인수 씨, 국가에 구명의 은혜를 입었으니, 앞으로의 삶은 정말 잘 살아야 합니다."

보안과장의 말을 듣고 나는 연신 고맙다는 말만 되풀이했다. 감형장을 받아들고 방으로 돌아올 때는 발이 바닥에 닿지 않는 듯 둥둥 떠다니는 기분이 들었다. 이미 소식을 들어 알고 있었던 여러 직원들이 축하와 격려를 해주었다. 같은 처지에 있었던 사형수들에게도 부러움이 담긴 축하를 받았다. 그렇지만 그들의 축하에는 고마움보다는 미안함과 안타까운 마음이 더 생겼다. 휴일이 끝나고 득달같이 달려오신 아버님은 나를 보자마자 눈물을 흘리셨다.

"고마워서 너무 고마워서 어쩌지를 못하겠구나. 이젠 건강해야 한다. 그래야 나중에 밖에서 같이 살지."

나도 눈물만 흘릴 뿐 어떤 말도 하지 못했다.

"수번도 바뀌고 좋구나."

나의 왼쪽 가슴에는 사형수를 상징하는 붉은색 수번 대신 노란색 수번이 박혀 있었다. 자식이 오늘 죽을지 내일 죽을지 모르는 상태에서 매일매일을 어떤 마음으로 사셨을지, 무엇 하나 손에 잡힐 리가 없었을 테다. 그나마 이제라도 자식이 먼저 죽을 수도 있다는 걱정은 덜어드릴 수 있어서 다행이라는 생각이 들었다. 감형 받았다는 소식에 누구보다 기뻐하셨던 분들이 또 계셨다. 바로 이천일 기도를 같이 해주신 불교여성개발원의 법사님들이다. 부처님의 가피에 감사함을 전하는 법회를 모시던 중에 몇몇 법사님들은 눈물을 흘리셨다.

과보를
달게 받겠습니다

방을 확정수들이 생활하는 곳으로 옮겼다. 이곳에 잠시 있다가 앞으로 오랜 세월을 지내야 하는 교도소로 옮겨 가는 것이다. 사경과 백팔배는 장소와 관계없이 계속했다. 공부의 주목적이 참회와 속죄에 있었기에 한시도 멈출 수가 없었다. 그러던 어느 날, 내 수번이 불리고 호송버스에 실렸다. 버스가 서서히 움직이니 구치소의 거대한 정문이 열리기 시작했다. 나는 가슴이 뛰었다. 죽어서나 이 문을 나갈 수 있을 거라 생각했는데, 살아나가게 되다니···. 내 삶의 한 부분을 구치소에 남기고 버스는 부산을 향해 달리기 시작했다. 오랜만에 만나는 세상 풍경에 내 눈은 바삐 움직였다.

드디어 부산교도소에 도착하고 방을 배정받은 후, 부산에서 첫 번째 밤을 보냈다. 얼마 안 되는 미지정의 생활을 마치고, 양재공장에 출역을 했다. 일을 하며 살아갈 수 있다는 사실에 정말 열심히 살겠다는 각오를 다졌다. 일을 시작한 지 얼마 되지 않아서 불교 종교실로 방을 옮겨 좀 더 체계적으로 공부를 할 수 있었다. 부처님의 가르침을 배우고 익히고 행하려는 마음으로 모인 수형자들이어서 저마다의 방식으로 공부에 매진하고 있었다. 새벽 일찍 아침을 여는 불교방은 참회의 백팔배로 하루를 시작하고 있다. 그 시간만큼은 모두가 마음을 다해 부처님 전에 참회의 절을 올리고 있다.

그렇게 교도소 생활에 적응하던 중에 슬픈 소식을 접하게 되었다. 아버님의 부고를 접한 것이다. 뇌출혈로 갑자기 쓰러지셔서 급히 수술을 받으셨지만, 끝내 병마를 이기지 못하고 돌아가시고 말았다. 모든 게 아버지의 가슴에 수많은 대못을 박은 내 탓으로 느껴져서 얼마간 밥도 제대로 넘길 수 없었다. 이 깊고도 큰 불효를 어찌해야 할지… 다시는 아버지를 뵐 수 없다는 생각에 가슴이 미어졌다. 그저 부처님 전에 세상 근심 다 털어버리고 극락왕생 하시길 빌고 또 빌었다.

구속 당시, 어렸던 아들과 딸이 이제는 훌쩍 커서 성인이 되었다. 못난 아비를 끝까지 버리지 않고 감싸주어서, 나를 하염없이 부끄럽게 만드는 아이들이다. 원인 없이 결과가 있을 수는 없는 법이다. 미래의 모습 또한 현재를 어떻게 사느냐에 따라 달라질 것이다. 살아 있는 동안 피해자에 대한 속죄는 멈추지 않을 것이며, 진정한 참회 없이는 무엇

하나 이룰 수 없다는 사실을 가슴에서 놓지 않겠다.

많이 부족하고 모자란 나를 누구보다 아껴주셨던 법사님들과 수형 생활에 잘 적응할 수 있도록 도와주신 직원들에게 감사드리며, 나의 잘못으로 지금도 고통받고 계실 피해자 가족들에게 무릎 꿇고 사죄를 올린다. 끝없이 속죄하고 살아가겠다는 약속을 드리고 싶다.

나무 석가모니불, 나무 석가모니불, 나무 시아본사 석가모니불.

중생이 본래 무생 가운데

망령되이 생사와 열반을 보는 것이

허공의 헛꽃이 일어나고 멸하는 것과 같으니라.

衆生 於無生中 妄見生死涅槃 如見空花起滅

생사는 허공의 헛꽃과 같으니라

석교 백두현

나의 할머니는 아버지가 미처 걸음마를 배우기도 전에 청상과부가 되셨다. 할아버지가 일제 강제노역장으로 끌려가는 바람에 열여덟 꽃다운 나이에 생이별을 하셨기 때문이다. 끌려간 할아버지는 지금은 러시아 땅이지만 당시에는 일본 땅이었던 사할린에서 탄광 일을 하셨다. 그러다 불행하게도 일을 하다 한쪽 다리를 잃었다. 할아버지는 고향으로 돌아오고 싶었으나 그러지 못했다. 간악한 일본의 제국주의자들이 돌아오는 교통수단을 마련해주지 않았기 때문이다. 할수 없이 할아버지는 뱃삯을 보내주면 집으로 돌아갈 수 있겠다는 편지를 할머니께 보냈다. 그러나 할머니는 그 돈을 세상 어디에서도 융통할 수 없었다. 무엇보다도 아비 없는 자식들을 만들지 말아야겠다는 일념으로 이집 저집 급전을 구하러 다녔지만 힘없고 가난한 젊은 과부에게 선뜻 돈을 빌려주는 사람은 없었다. 그러다 8·15 광복을 맞았고 사할린은 뱃삯이 있어도 오고 갈 수 없는 공산주의 세상이 되었다.

어서 빨리
죽어야지

고향으로 돌아올 길이 막혀버린 할아버지는 조금이라도 고향 가까운 곳에서 살다 죽겠노라고 불편한 다리를 이끌고 북송선을 탔다. 그리고 끝이었다. 더 이상 그 어떤 소통 수단도 막혀버린 것이다. 할머니의 반닫이함 속에는 뱃삯을 보내달라던 할아버지의 편지가 들어앉았다. 그 날부터 반백년을 할머니와 동행한 편지 위로는 할머니의 한숨소리만 켜켜이 삭혀가고 있었다.

보다 못한 할머니의 친정 오빠가 호랑이처럼 무서웠다는 증조할머니의 눈을 피해 할머니를 재가시키려고 무던히 애쓰시긴 했다고 한다. 몇 번이나 도둑고양이처럼 몰래 만나고 돌아가셨지만 그뿐이었다. 오히려 눈치가 빠른 증조할머니의 눈 밖에 나 20년이나 친정에도 가지 못하고 더욱더 호된 시집살이만 하게 되었다. 그런 할머니는 고생 끝에 낙이란 속담을 잘 믿지 않았다. 여자 혼자서 어린 자식들을 키우기란 참으로 어렵던 시절이었다. 언젠가는 할아버지가 돌아오리라는 희망까지 버린

건 아니었지만 퍽퍽한 삶은 결코 긍정적이지 못했다. 종국에는 쉰넷 된 외아들을 암으로 먼저 보내고, 간병인으로 따라다니던 며느리마저 교통사고로 잃고 말아, 당신의 말년은 어서 빨리 죽기를 소망한다는 주문을 외며 사셨다.

가난이
죄라면

의사는 그런 내 할머니의 병명을 직장암이라고 했다. 수술을 하면 완치될 확률도 많다고 했다. 다만 환자가 고령이라서 마취에서 깨어나지 못할 수도 있다는 조건하에 그렇더라도 수술을 하는 게 좋겠다고 했다. 늦은 밤까지 아내와 상의했다. 아내는 말이 없었다. 칠순을 앞둔 고모와도 상의했다. 고모 역시 내 결정에 따르겠다고만 하셨다. 병원비를 내가 낸다는 이유로 모든 선택은 오로지 내 몫이었다. 수술이 성공하면 장수하시는 거고 실패하면 6개월만 더 연명하는 것이었다. 그리고 무엇보다도 나는 가난했다.

　고민 끝에 할머니가 6개월만 사시는 방법을 선택했다. 우습게도 살 만큼 사셨다고 생각했다. 가난이란 핑계를 방패 삼아 저승에 가면 할머니가 그토록 그리워하던 아버지를 만날 것이라고 생각했다. 그렇게 결정한 요양병원 생활은 의식주를 제공하고 아프지 않게 진통제만 놓아주는데 1개월에 70만 원이었다. 6개월 동안 할머니는 젊은 나도 한 번에 먹기에는 부담이 가는 분량인 색색의 진통제를 한 움큼씩 드셨다. 치료제인 줄 알고 정성껏 드시는 모습을 차마 마주 보기 힘들었다. 점점 나아지는 것 같다고 좋아하시던 목소리가 문 밖으로 새 나가지 못하고 다람쥐처럼 귓가를 맴돌다 피딱지처럼 굳어서 들어앉았다.

그럴수록 쌓여가는 죄의식에 어서 빨리 6개월이란 시간이 지나길 바랐지만 이상하게도 할머니는 8개월이 지났는데도 아픈 분 같지가 않았다. 내심 불안해지기 시작했다. 2개월이 더 지나자 불안감은 초조함으로 바뀌었다. 1년이 지나자 통장의 잔고는 마이너스 한도를 꽉 채웠고 무슨 수를 내야만 한다는 강박관념에 사로잡혔다. 수소문 끝에 천주교에서 운영하는 무료 요양시설인 호스피스 병동이 있다고 해서 서둘러 할머니를 모시고 갔다. 부끄러웠지만 현실적으로 월 70만 원이라는 돈은 내게 너무 컸다.

그날 할머니는 내게 아무런 말씀도 않으셨지만, 내가 자리를 비우자 고모에게 불같이 화를 내셨다고 한다. 절에 다니는 노인네를 이런 곳으로 데려왔다고 역정을 내다 그날따라 약도 드시지 않고 지쳐 잠이 들었다. 그리고 끝이었다. 거짓말 같이 병원을 옮긴 바로 그날 모든 것이 끝났다. 하루만 더 버텨볼 것을…. 나의 현대판 고려장이 그렇게 얄궂게 끝났다.

삼일 밤낮을 울어 퉁퉁 부운 얼굴로 가족회의를 했다. 이렇게 분하게 할머니를 보내드릴 수 없었다. 어머니를 잃고 두 달 만에 아버지가 떠나시더니 얼마 지나지 않아 할머니까지 돌아가시니 천하에 나 혼자 고아가 된 느낌이었다. 결국 회의 끝에 부모님을 모신 신광사라는 작은 절에 할머니까지 모시기로 했다. 그리고 주말마다 제를 지내러 내려갔다. 백팔배인지 삼천배인지도 모르게 절하고 또 절했다. 속죄의 절을 한 것이다. 이마에서는 땀이 흐르고 다리가 저렸지만 죄책감이 지워지지 않았다.

그리고 49일째 되던 날, 신광사 뒤뜰에서 조용하게 울려 퍼지던 목탁 소리가 시간이 흐를수록 격하게 출렁였다. 피를 토해내는 곡소리와 뒤섞여 서럽게 요동치고 있었다. 아랑아랑 피어오르던 아지랑이도 할머니의 옷가지를 태우면서 내는 열기에 휩싸여 거센 소용돌이가 되어 하늘로 오르고 있었다.

실컷 울었더니 내 몸속의 온갖 찌꺼기가 정말로 몽땅 빠져 나온 것 같았다. 마지막 한 방울의 눈물까지 짜내 눈물샘이 말라붙었는지 서걱서걱 눈매가 힘겨웠다. 절규하던 가슴은 후련한 건지 공허한 건지 갑자기 텅 빈 느낌이었다. 눈물이라는 것은 마음 약한 인간에게 주는 면죄부인지도 모른다. 실컷 운 것밖에 없는데 또 그렇게 그럭저럭 버텨낼 힘을 주었으니 말이다.

그 공허한 순간에 '따다닥' 소리를 내며 정적을 깬 것이 있었다. 화덕 위에서 덩어리져 타지 않고 남아 있던 할머니의 옷고름이었다. 꺼지기 전 마지막 작별인사인 양 화들짝 피어나던 불꽃이 이내 눈앞에서 사라져갔다. 주지스님은 마지막 미련을 떼어내기라도 하려는 듯 연기만 남은 잿더미를 이리 뒤집고, 또 저리 뒤집었다.

인명은 재천이라던데…. 모든 것은 있다가 없어지는 것이라던데…. 혈육 간의 인연이 이렇게 한순간에 지나가는 것인가. 가난한 화가가 그리다 만 유화처럼 굳어버린 눈물자국만 서로의 눈가에서 반짝반짝 슬프게 빛났다. 상실감을 실은 연기만이 꾸역꾸역 남은 하루를 재촉했다. 결국 말도 안 되는 이 허망한 현실이 오늘 내가 받아들여야 하는 몫이라니 참으로 기가 막혔다. 누구라도 붙잡고 화풀이하고 싶었다. 누구라도 불러내어 하소연하고 싶었다.

"또그르르…." 목탁 소리가 멈추고 천지 사방이 침묵이었다. 빈껍데기 몸뚱이로 둥그렇게 둘러앉은 가족들은 누구라도 무슨 말을 해주기를 기다렸다. 동자스님이 점심 공양을 권했지만 아무것도 먹고 싶지 않았다. 배가 고픈데도 식욕이 없었다.

"분명 좋은 곳으로 가셨을 게야."

"정말로 그럴까요?"

"모든 것을 내려놓으면 저승길이 열려…."

"…."

"고인의 업이 있으니 무엇으로든 환생하겠지만 자식들이 정성을 들였으니 정해진 내세보다 더 좋은 곳으로 가셨으리라 믿어."

"스님! 육도윤회란 무엇입니까?"
"돌고 도는 거야…."

성불
하십시오

윤회설에 의하면 죽음은 끝이 아니라 새로운 시작이라고 한다. 살면서 쌓아온 덕으로 천상의 세계에서 살아가기도 하고 불지옥으로 떨어지기도 한다는 것이다. 마귀의 영혼으로 구천을 떠도는 아수라가 될 수도 있고 더러는 다시 인간으로 환생하거나 동물로 태어날 수도 있다는 설이다. 그러나 죽자마자 바로 환생하는 것이 아니라 저승사자와 함께 49일간 이승도 아니고 저승도 아닌 중천의 세상에서 다시 환생할 세상을 두루 둘러본다는 것이다. 하기야 이승의 재판도 실수하지 않으려고 3심제인데 저승의 심판이 가벼울까 싶었다.

　저승사자는 하루 한 곳씩 천사들이 사는 세상이나 마귀들이 사는 세상에 이승을 떠난 영혼을 데리고 다닌다고 한다. 색색의 인간세상도 보여주고, 짐승들의 세상도 보여주고, 아비규환 불지옥도 차례차례 하루씩 보여준다고 한다. 당신은 어디로 가야 하는지, 어디로 가고 싶은지, 가고 싶은 곳으로 갈 자격은 있는지, 스스로를 뒤돌아보게 하는 것이다. 다음 주도, 그 다음 주도 돌고 돌며 뉘우치다 보면 일곱 번을 반복해 49일이 되는데, 그날 그 사람의 다음 세상이 결정된다는 것이다.

그렇게 눈물의 49제가 끝났다. 그리고 믿게 되었다. 아니, 우격다짐으로 믿기로 했다.

"분명 부처님께 가셨을 거야!" 수없이 절하고 또 절하면서 그렇게 믿기로 한 것이다. 어쩌면 내 작은 깨달음인지도 모른다. 할머니를 놓아드리기로 했다. 놓아드려야만 할머니의 영혼이 편안할 것이라 믿게 되었기 때문이다. 부처님의 뜻대로 살다 가셨으니 분명 성불하시지 않았을까.

생명의
이치대로

모든 생명은 순환한다. 봄, 여름, 가을, 겨울을 거쳐 무성했던 나뭇잎은 낙엽으로 졌다가 다시 싹이 나고 식물들은 씨앗으로 다음 생을 기약한다. 사람들은 자식에서 자식으로 유전자를 남기고 순환하고 결국은 이승과 저승을 오가며 업을 통해 윤회한다. 그럴수록 부처님의 뜻에 따라 부처님을 닮으려는 마음으로 살다보면 누구나 부처가 되고 세상은 불국정토를 이루리라.

길을 가다 무심코 밟히는 이슬방울 하나도 세상을 살아가는 생명에겐 더없이 소중한 인연이다. 푸드득- 이름을 알 수 없는 새 한 마리가 날아가는 소리마저 다시 만나고 싶은 인연이라고 생각하며 다들 살아가지 않는가. 살면서 인연이란, 소중함을 아는 사람에게만 소중하게 지켜지는 법이다. 더욱이 가족으로 만난 그 소중한 인연을 스스로 깨우

치지 못한다면 나처럼 뒤늦게 후회하고 남은 삶을 곤궁하게 만드는 것 같다. 이 모든 것이 인간 세상의 삶이요, 윤회요, 업보다.

색즉시공色即是空 공즉시색空即是色. '모든 없다는 결국 있다'이며 '모든 있다 역시 결국 없다'라고 배웠다. 눈에 보이는 모든 형상은 결국 변형할 뿐 처음부터 존재하는 것도 아니었다. 결국 사라질 뿐, 영원한 것이 무엇이란 말인가. 분명 이런 중도의 원리야말로 우주를 이루는 근본이 아니겠는가.

오늘도 나는 부처님 앞에 절한다. 세상의 모든 할머니께 절하고 세상 모든 부처님께 절한다. 사랑으로 절하고 믿음으로 절한다. 그리고 할머니를 사랑하는 마음으로 절하며 부처님을 사랑하는 마음으로 절한다. 부처님께 절하는 것이야말로 할머니를 기리는 길이며 부처님께 가는 길이다. 그리고 부처님을 닮는 길이며 나 또한 조금이라도 부처님처럼 사는 길이다. 아니 어쩌면 나 같은 중생이라도 종국에는 부처가 되는 길이다. 일배, 이배, 삼배… 모든 인연을 사랑하는 마음으로 끝없이 절하고 있다.

생사는 허공의 헛꽃과 같으니라

참다운 예배는
공경하는 것이며 굴복시키는 것이다.
자기의 참된 성품을 공경하고
아만과 자존심의 무명을 항복받는 것이니라.

禮拜者 敬也 伏也 恭敬眞性 屈伏無明

참다운 예배는
자신의 아집을
항복받는 것

정각화 김애경

남편은 1년 남짓 암 투병 생활을 하던 중 고통 속에서 눈을 감았다. 남편의 유골이 내 손에 전달되고 나는 이기지도 못하는 술을 들이 부었다. 나는 유골을 안고 기억을 잃었다. 딸의 얘기가 밤새 유골을 껴안고 "여보 나도 데려가…" 하면서 울었다고 한다.

내 나이 45세, 인생의 동반자를 잃고, 두 아이들과 말도 안 통하는 먼 이국땅에 남겨졌다. 2002년 미국에 들어가기 전까지 남편은 한국의 내로라하는 명산들을 산행하며 자신의 삶을 되돌아본다고 했었다. 우리가 정착한 미국 메릴랜드 주에는 남편이 좋아하는 산 하나 없이 너무나 삭막했고 그때마다 남편은 술과 담배로 삶의 넋두리를 잠재우곤 했다.

인생은 무상이요
생자는 필멸이라

처자식을 데리고 미국에 온 지 2년 차에 남편은 홀로 찬 병실 안에서
숨을 거두었다. 남편은 숨을 거두는 그 순간까지 자신의 고통과 싸워
가며 자기가 가고 나면 의지할 데 없이 남을 처자식을 위해 얼마나 울
었을지 아직도 그 생각만 하면 마음이 저리고 눈시울이 시큰하다. 남
편은 자신이 죽고 나면 제발 두 아이들을 데리고 한국에 돌아가라고
말했었다. 누구 하나 기댈 사람 없는 타국에서 더 이상 마누라 고생시
키고 싶지 않다는 이유였다. 남편은 그렇게 떠나갔고, 나밖에 의지할
곳 없는 내 자식들과 내 자신이 그곳에 남았다.

  결혼 후 남편 덕에 남부럽지 않은 안락한 생활을 하며 나약해질 대
로 약해진 나였다. 나 혼자 여태까지 아무것도 해본 적이 없었는데 내
가 책임져야 할 두 아이들을 볼 때마다 삶이 너무나 고통스러웠다. 당
장 집에 쌀이 떨어졌고 월세를 내지 않으면 길거리로 바로 쫓겨나야
하는 상황 속에 나는 무조건 나가서 돈을 벌어야 했다. 영어가 되지 않
았기에 근처 한인마트에 가서 혹시 일할 자리가 있는지 물어보았다. 마
침 직원 식사를 해줄 사람을 찾고 있다고 했다. '살았다.' 눈이 번쩍 뜨
였다. 그 자리에서 바로 이력서를 적었고, 내 딱한 사정을 들은 매니저
는 그 다음 날부터 바로 출근을 할 수 있게 해주었다.

  그날부터 내 자신과의 싸움이었다. 일도 힘들지만, 한인 고객들 사
이로 손수레 같은 것을 끌며 지나가야 했는데 그것이 그렇게 부끄러울

수가 없었다. 하지만 그런 생각도 오래가지 않았다. 그런 생각조차 할 시간이 없었던 것이다. 한국인과 남미 사람들 그리고 중국인 직원들 총 60명의 두 끼 식사 준비를 하면서 하루 12시간을 꼬박 서서 일했다. 하루가 어떻게 갔는지 기억에 없고 등만 대면 잠을 잤다. 일주일에 하루 쉬는 날이면 매장 안의 다른 사람들이 식사 준비를 했는데, 모두들 식사 준비라면 끔찍이 싫어했다. 끼니 준비하는 것이 다른 일보다 훨씬 고된 것은 물론이고 맛이 없을 경우엔 말도 많았기 때문이다. 식기세척기가 없었기 때문에 식사 후에는 그 많은 설거지도 혼자 몫이라 아무도 맡아 하려고 하지를 않았다. 모두가 진저리치게 싫어하는 일을 내가 맡아 하면서 '부처님 말씀처럼 어떻게 하면 고통으로써 지혜를 얻을 수 있을까'라는 생각을 하곤 했다. 아이들은 아직 고등학생이고 어차피 적어도 몇 년 동안은 내 생활에 변함이 없을 것이었다. 나는 매일 아침 5시에 일어나 관세음보살님께 지혜를 달라고 기도했다.

내가 살고 있는 동네는 시골이어서 절을 찾기 쉽지 않았다. 그러나 두드리면 열린다 했던가. 집에서 30분 정도 떨어져 있는 글랜버니란 동네에 절이 있다는 것을 우연히 알게 되었다.

두 아이를 데리고 법당 문을 열고 들어서니 내가 그리던 부처님이 계신 것이다. 나를 반기며 환하게 웃으시는 것 같은 그 모습을 뵙는 순간 여지껏 억누르고 참아왔던 눈물이 오열로 바뀌었다. 그 소리에 옆방에 계시던 스님이 법당으로 들어오셔서 한참 내 우는 모습을 보시더니 말씀하셨다.

"보살님, 인생은 무상이요 생자는 필멸입니다. 살아 있는 모든 생명은 언젠가는 죽기 마련이니 너무 슬퍼하지 마세요." 그러면서 스님은 돌아가신 남편과 남아 있는 세 식구를 위해 일주일에 한 번씩 제사음식을 만들어 지장보살님께 정성껏 기도를 올려보자고 말씀하셨다. 그 말씀 덕에 두 아이들과 함께 일주일에 한 번씩 일곱 차례 제사를 지낼 수 있었다.

그때 스님이 알려주신 것이 〈신묘장구대다라니〉이다. 관세음보살의 위신력에 대해 말씀해주시면서 책과 테이프를 주셨다. 그 날 이후로부터 새벽에 〈신묘장구대다라니〉를 써놓고 기도하면서 서서히 마음에 안정을 얻게 되었다. 〈신묘장구대다라니〉를 써서 벽에다 도배를 했고 퇴근하고 집에 돌아오는 동안에는 〈신묘장구대다라니〉 독송 테이프를 틀어 놓고 운전을 했다. 그렇게 한 달을 하니 〈신묘장구대다라니〉를 완전히 내 것으로 만들 수 있었다.

깨어 있는 모든 시간에 간절히 〈신묘장구대다라니〉를 염불했다. 남편을 잃은 슬픔에 빠져 좌절한 내 자신을 불법으로써 일으켜 세우고 지켜낼 수 있었다. 그렇게 남편이 떠나고 2년 동안 하루를 내 삶의 마지막 날처럼 살아올 수 있었다.

시련의
공양주

일을 마치고 집에 오면 온몸의 마디마디가 쑤시고 어깨가 아파서 쉽게 잠에 들 수가 없는 날이 많아졌다. 그럴 때는 관절통에 잘 듣는다는 진통제를 먹고서야 잠들 수 있었다. 힘든 상황에서 술과 담배를 벗 삼아 인생을 한탄할 수도 있었을 것이다. 나중에 들은 얘기지만 아이들도 '우리 엄마가 그러면 어쩌지…' 하는 걱정도 있었던 모양이다. 하지만 언제나 긍정적으로 최선을 다해 사는 엄마의 모습을 보면서 '엄마 때문에라도 나쁜 길로 빠질 수 없다'고 다짐했다고 한다. 비슷한 상황에서 마약을 하거나 험한 길로 빠지는 아이들이 주위에는 많았기 때문이다.

직장에 가면 내 머릿속에는 '어떻게 하면 맛있는 음식을 대접할까?' 하는 생각이 꽉 차 있었다. 직원들의 공양주로서 최선을 다하고 싶었다. 12시간 일을 마치고 나면 주방 아줌마들의 팔자타령이 시작되었다. 지겹다는 소리를 노래로 들으면서 항상 스스로에게는 "오늘도 참 잘 살았다"고 말해주었다. 내 마음속에 언제나 부처님이 계셨기에 가능했던 것 같다.

'나는 공양주다' 생각하고 '나는 공양주의 삶을 산다'고 되뇌이며 최선을 다해 매일을 살았다. 그러다보니 나를 보는 주변 사람들의 시선과 생각이 바뀌어가는 것을 느낄 수 있었다. 어떤 이는 나를 보고 정신세계가 다른 대단한 사람이라며 두 엄지를 치켜세우곤 했다. 남미 출신 직원들은 입맛이 달라서 처음에는 식성을 맞추기가 힘들었다. 그래서 주방에 있는 남미 아줌마들에게 음식 하는 법을 가르쳐 달라고 하고 또 그들의 언어인 스페인어도 조금씩 배워나갔다.

직원들에게 음식공양을 하면서 관세음보살님의 모습을 닮아가고 싶

참다운 예배는 자신의 아집을 항복받는 것

어 직원들의 생일을 메모해서 미역국도 끓여주고 어떻게 하면 더 맛있는 음식을 만들 수 있을지 고민에 고민을 했다. 사장님 부부는 나를 보고 근무 태도가 성실하고 식사도 맛이 좋다며 너무 고맙다고 하셨다. 그리고 두 아이들이 졸업할 때까지 장학금을 받을 수 있게 해주겠다고 약속하셨다. 내 한 몸 힘들지만 사랑스런 두 아이들이 학비 걱정을 덜 하며 공부에 전념할 수 있었다.

큰딸은 10학년 때부터 주말에는 12시간씩 마트 계산원을 하며 나와 함께 생계를 도왔다. 그렇게 큰아이가 졸업을 하던 날, 눈물이 그치지를 않았다. 그렇게 딸과 아들은 무사히 고등학교를 미국에서 다 마칠 수 있었다. 나는 이때가 내 인생에서 가장 행복한 시간이 될 줄 알았지만, 그 시간 또한 지나갔다.

관세음보살님의
가피

반찬 코너에서 일을 배우면 좋을 것 같았다. 그래서 관세음보살님께 발원기도를 했다. 일을 배우고 싶다고 발원기도를 한 지 한 달 만에 나는 반찬 코너로 자리를 옮기게 되었다. 출근을 하면 먼저 음식 정리를 하고 바닥을 닦으면서 〈신묘장구대다라니〉 기도로 하루를 시작했다. 젓갈류와 조림 반찬 수만 해도 60가지인데 순대와 옥수수, 족발을 팔고 토요일에는 김치를 직접 만들어 판매했다. 부처님께서 말씀하신 모든 사람을 부처님으로 보라는 말씀을 머릿속에 각인시키면서 매일 밝고 친절하게 고객을 맞았다.

하루는 점심식사를 마치고 일을 하는데 한 한국인 아줌마가 나를 노려보면서 마귀라는 둥 중얼거리면서 자리를 뱅뱅 돌기 시작했다. 순간 섬뜩한 느낌이 들어서 〈신묘장구대다라니〉를 중얼거렸다. 그런데 갑자기 그 한국인 아주머니가 머리가 아프다면서 소리를 지르며 자리를 떠났다. 그 아주머니가 두 번째 나타났을 때에도 〈신묘장구대다라니〉를 외웠고 똑같은 상황이 벌어졌다. 그 이후로 그 분을 보게 되는 일은 없었다. 한 번은 연세 드신 할아버지가 지나가면서 "아줌마가 일하는 날에는 반찬 코너의 기운이 참 맑아요"라고 말씀해주셨다. 그 이후 나는 관세음보살님의 위신력을 더욱 실감하게 되었다.

해를 거듭할수록 마음을 터놓고 같이 기도할 수 있는 불자를 만났으면 하는 마음이 간절했다. 그러던 차에 한 고객을 만났는데 나와 같은 아파트에 산다고 했다. 아주머니는 당뇨 때문에 앞을 못 보는데 내가 일을 하지 않는 날에는 음식을 만들어 대접하기도 했다. 아저씨는 아픈 이들을 위해 벌침과 부황 뜸으로 봉사를 하는데 나 역시 퇴근 후에 들러 치료를 받게 되면서 서서히 진통제도 끊을 수 있었다. 이렇게 정이 들면서 두 분을 나의 평생 수양부모님으로 모시게 되었다. 설날이나 추석에는 한국에 계시는 부모형제가 너무 그립고 보고 싶어 외로움을 항상 안고 살았는데 명절이나 그분들 생신에는 두 아이들 데리고 노부부 댁에 놀러 가곤 했다. 귀한 인연이 맺어진 것이다.

이런 일도 있었다. 타고 다니던 차가 고장이 심하고 수리비도 만만

찮게 들어서 나는 항상 마음이 불안했었다. 어느 날 밤, 불이 나는 곳에 사람들이 많이 몰려 있는 꿈을 꾸었다. 묘한 기분이 들었지만 그냥 넘겼다. 그런데 다음 날 12시간의 일을 마치고 차에 올라 시동을 켜서 출발하려는 찰나에 운전대 손잡이에서 불꽃이 튀기 시작했다. 얼마 후 연기가 차 안을 가득 채우더니 곧 하늘을 덮을 지경이었다. 응급차와 소방차, 경찰차까지 수십 대가 도착했다. 만약 달리고 있던 차에서 이런 일이 벌어졌다면 두 아이와 나는 어떻게 되었을까! 생각만 해도 정말 소름이 끼치고 두렵고 무서웠다. 놀란 막내동생 부부가 한국에서 천만 원과 비상약품 그리고 홍삼을 보내왔다. 딸이 타국에서 남편 없이 두 아이들을 뒷바라지 한다고 걱정이 태산 같은 부모님이 많이 놀라셨다. 나는 관세음보살님의 가피에 무사할 수 있었다고 부모님과 한국의 가족들을 안심시켰다.

《법화경》이 준
인연

아이들도 대학생이 되어 바쁘게 생활하다보니, 쉬는 날에 혼자서 밥을 해먹으며 사색하는 시간도 잦아졌다. 괴로운 시간도 지나가고 외로움이 이따금씩 나를 힘들게 하고 아프게 했다. 남편을 떠나보내고 홀로 된 지가 4년이 훌쩍 넘다보니 마음이 외로워지는 날도 잦아졌다. 부부가 오붓하게 얘기하는 모습을 보는 것만도 부럽고 말싸움하는 것조차 부럽기까지 했다. 같이 일하는 언니들과 친구들이 혼자 살기에는 아직 젊다며 괜찮은 사람을 소개시켜주겠다고 했다. 아이들도 엄마가 혼자서 외롭게 지내는 모습이 안쓰러웠는지 아빠가 있었으면 좋겠다는 말도 했지만 사별의 아픔 때문에 닫힌 마음을 열어줄 그런 인연을 만나는 게 어렵게만 느껴졌다.

38세 때 법화정사 도림 스님을 친견하고 《법화경》과 인연을 맺은 적이 있었다. 불경의 신비한 힘을 알기에 거실 책장에 꽂혀 있는 《법화경》을 책장에서 꺼내어 발원문을 써내려갔다. 나의 아픔을 포근히 안아줄 수 있는 정이 많고 따뜻한 평생인연을 보내달라고 써내려갔다.

2008년 11월쯤 내가 일하는 반찬 코너에 풍채 좋고 인상이 인자해 보이는 60세 정도의 노랑머리 백인 아저씨가 반찬을 구경하고 있었다. 그의 쇼핑카트 안에는 곱창전골 세트가 들어 있었는데, 어릴 적의 호기심이 발동해서였을까 나는 그에게 한국음식을 좋아하냐고 짧은 영어로 물어보았다. 그리고 우리의 대화는 한국 김치 및 음식에 대해 계속 이어져나가며 서로를 좀 더 알게 되었다. 몇 번의 대화를 하며 우린 친구를 하기로 했고, 그때부터 나는 좀 더 긴 대화를 할 수 있도록 퇴근 후에는 영어공부에 매달렸다.

그의 이름은 마이클이라고 했다. 한인 마트에서 쇼핑을 한 지 한 달 정도가 되었고, 취미는 요리라고 했다. 시간이 가면서 그는 내가 일하는 곳에 자주 들르며 자신의 이야기도 많이 해주었다. 아들만 3명이고 부인과는 별거한 지 5년이 되고 이혼 중이라고 했다. 몇 달 후에는 둘째아들과 같이 와서 나를 인사시켜주고 그 이후 큰아들과도 인사를 하게 되었다. 미국인 친구가 생겼다며 즐거워하는 엄마를 보면서 아이들은 신기해하면서도 응원을 해주었다. 마이클은 점심때에 맞춰 자신이 만든 샌드위치와 수제 햄버거를 가져오고 저녁에는 이탈리안 스프를 만들어 가져오곤 했다. 마이클은 얼마 후 이혼을 했고 우리는 정식으로 사귀게 되면서 서로 깊은 사랑을 느끼게 되었다. 마이클은 내 아이들의 학비를 마련하기도 해 두 아이들이 무사히 4년제와 2년제 대학 과정을 이수할 수 있었다.

삶의 현장 속에서의
《법화경》

마트 반찬부에서 1년 반 일을 하고 사장 부인이 운영하는 반찬공장으로 출근하게 되었다. 마트에서 30분 거리에 위치한 공장은 평일에는 새벽 5시에, 주말에는 그보다 1시간 앞선 4시에 일을 시작했다. 김밥 싸기, 국 열 가지 만들기, 떡 두 가지에 생선 조림 두 가지 만들기가 내가 맡은 일이었다. 다 만든 것은 다섯 군데 마트에 보냈다. 일주일에 한 번씩은 냉동 창고에 들어가 고등어 내장을 꺼내는 일을 했고, 주말에는 열무 시래기를 삶아 양념을 해서 볶아 냈다. 십여 년 전 TV에서 보았던 〈체험 삶의 현장〉보다 몇 배는 고되고 힘들었다. 점심시간 외에는 쉴 짬이 없는 곳이었다.

　집에 돌아오면 《법화경》 사경을 더욱 열심히 했다. 내 자신이 감당할 수 있기에 부처님은 나를 이곳에 오게 하셨다고 믿었다. 어떤 시련이 와도 피하지 않고 씩씩한 모습을 부처님께 보여드리고 싶었기에 주어진 시간을 긍정의 마음으로 바꿔 더욱 열심히 일을 했다. 한인 마트에서 60명의 식사를 감당해냈던 고난의 시간들이 있었기에 공장 일도 감당할 수 있을 만큼 강인해질 수 있었다.

주말에는 새벽 2시에 일어나 아이들 아침을 준비해놓고 3시에 집을 나섰다. 공장에 도착하면 3시 40분. 어둔 하늘의 보름달이 훤하게 나를 반기며 힘내라고 웃어주는 것 같았다. 힘들수록 물과 한 몸이 되어야 하고 피할 수 없으면 즐기라는 말을 계속 떠올리며 일어나는 생각들을 긍정적으로 바꾸려고 노력했다. 과거에 머무르려 하지 않고 오로지 현재에만 집중했다. 자신이 하고 싶은 일을 하는 것이 행복이라지만 하고 싶지 않은 일을 좋아하게끔 마음 바꾸기를 수행하다보니 내 안의 또 다른 나에게 감사하고 긍정할 수 있었고, 부처님의 가르침에 더욱 감사하게 되었다.

주말에는 시래기 볶음이 30파운드씩 여섯 군데 마트에 나갔다. 새벽 4시에 시래기 볶음을 만들면서 '이것을 먹고 건강한 사람들은 더 건강하게, 아픈 이들은 하루 빨리 낫게 해주십시오' 하고 〈신묘장구대다라니〉 기도를 했다. 그에 힘입어서인지 시래기 볶음이 인기 품목이 되어 주문량이 몇 배가 넘었다. 사장님은 매출량뿐만 아니라 항상 긍정적이고 남을 즐겁게 해줄 줄 아는 나에게 언제나 위로를 받는다고 너무나 고마워했다.

참다운 예배는 자신의 아집을 항복받는 것

몸에 병 없기를
바라지 말라

그동안 무리를 해서인지 입안과 잇몸에 노란 고름이 생기기 시작했다.
미국에서의 치료는 비싸서 엄두도 못 냈던 차에 인연을 맺은 수양부모
님이 벌침을 맞아보라며 벌을 잡아놓으셨다. 살아 있는 꿀벌의 벌침을
직접 잇몸에 대니 벌침이 파고드는 통증에 너무나 아팠지만 나에게는
유일한 방법이었기에 눈물을 흘려가며 참았다. 태어나서 이렇게 아픈
고통은 처음이었다. 아이들 모르게 베갯잇이 흠뻑 젖게 소리죽여 울었
다. 그렇게 독종이라는 소리를 들어가며 보름 동안 꾸준히 벌침을 맞
고 나니 염증도 사그라지고 점점 좋아져갔다.

그러던 중에 냉장고에서 생선 내장을 꺼내는 작업을 하다가 바닥에
떨어진 내장에 장화가 미끄러져 나무판에 머리를 심하게 다쳤다. 피가
나지는 않았지만 찧은 정수리 부분이 많이 붓고 욱신거렸다. 수양부모
님이 사혈 침으로 머리에 사혈을 해야 된다고 일러주셔서 여러 차례
부은 부분을 찔렀더니 검은 피가 철철 흐르기 시작했다. 이 또한 시간
이 지나고 나니 점점 나아지기 시작했다.

2011년 2월에 한국으로 돌아와 친정집에서 머물면서 건강검진을 받
았다. 난소에 혹이 있다는 결과가 나왔다. 크기가 8센티미터인데 암일
가능성이 커서 당장 수술을 해야 한다고 했다. 6월에 서울대분당병원
에서 4시간에 걸쳐 수술을 했는데 다행히 암은 아니었다. 하지만 수술
후 후유증으로 하체에 마비 증상이 오고 걸어 다닐 수가 없게 되어 2

년간 고생을 했다. 하지만 그때에도 나는 쉬지 않고 《법화경》 사경과
관세음보살 기도를 했다. 나는 부처님의 크나큰 가피를 입어 다시 걸을
수 있게 되었다.

작은
소망

귀국 후 마이클과 떨어진 2년의 시간 동안 우린 이메일을 주고받으며
사랑을 더 깊이 키워나갈 수 있었고, 마이클은 2013년 1월에 한국에
나와서 우리 부모님께 먼저 결혼 승낙을 받았다. 그리고 그해 11월에
마이클과 나는 일가친척을 모신 가운데 백년가약을 맺었다.

　지나온 세월을 뒤돌아보면 나는 화도 많고 미움도 많았던 한 인간이
었지만, 부처님의 정법으로써 힘들고 어려운 상황들을 지혜롭고 긍정
적으로 넘길 수가 있었다. 부처님께서 '상구보리하화중생上求菩提下化衆
生'을 말씀하신 것과 같이 앞으로의 나의 삶은 위로는 깨달음을 구하
고 아래로는 내 이웃의 어려운 이들에게 보시하고 마음의 아픔 속에서
방황하는 이들을 위해 부처님이 설하신 진리의 말씀을 전하는 일을
하고 싶다.

참다운 예배는 자신의 아집을 항복받는 것

도를 닦아서 열반을 얻는다면 이 또한 참된 이치가 아니다.

심법이 본래 고요한 것이 참된 열반이다.

그러므로 '모든 법은 본래 항상 그대로 열반이라' 하였느니라.

修道證滅 是亦非眞也 心法本寂 乃眞滅也 故曰 諸法從本來常自寂滅相

모든 법은 본래 항상 그대로 열반이라

고석 김차동

동족 비극의 상징인 한국전쟁이 한창이던 때, 어머님 나이는 45세. 나는 앞뒤가 산으로 둘러진 가난한 산골 마을에서 태어났다. 아버님은 내가 두 살 되던 해에 교통사고로 돌아가셨다. 대신 큰형님이 17세 나이로 가장 노릇을 하고 있었다. 당시에는 전쟁 직후라 모든 것이 어려운 상황이었다. 큰형님과 형수 밑에서 자라면서 어린 내가 감당하기 어려운 일도 많았다. 그래도 큰형님과 어머님은 다른 형제들은 초등학교도 보내지 않았지만 나는 고등학교까지 보내주었다.

중학교에 가서도 고등학교에 가서도 교과서 살 돈이 없었다. 항상 헌책방에서 중고책을 싸게 구입해 읽곤 했다. 교복도 1학년 때 맞춘 것을 내도록 입고 다녀 3학년 때에는 팔이 반이나 보일 정도였다.

나는 열심히 공부했다. 18세 때 국가공무원 시험에 합격하여 공무원으로 근무하게 되었다. 그동안 군대 생활을 무사히 끝내고 공무원으로 복직도 했다. 결혼도 하게 되었다.

국가에서 통신 분야에 전략적인 투자를 하고 있을 때, 핵심 부서인 투자공사를 하는 부서에 배치를 받아 일하고 있었다. 공무원 신분에서 회사원 신분으로 바뀌어 월급도 올랐다. 많은 공사 대금을 관리하다 보니 공사 업자와 결탁해 업자의 편익을 봐주고 매일 저녁 회식을 하고 술을 마셨다. 가난했던 어린 시절, 어려웠던 생활로 인한 허함이 집착이 되어 혼탁한 생활을 하는 날이 반복되었다. 내 나이 30대 초반이었다.

매일 이런 생활의 반복으로 3년을 보내고 나니, 어느 날 귀에서 이상한 소리가 들렸다. 항상 몸이 피곤하고 밤에는 잠도 잘 오지 않았다. 화가 불쑥불쑥 나서 가족들에게도 화를 잘 내는 버릇이 생겼다. 마음이 항상 불안하고 모든 것이 남의 잘못으로 여겨졌고 주위 사람들도 보기가 싫어졌다. 대화도 하기 싫어지는 상황이 계속되자 회사 내 인간관계도 나빠져서 급기야는 다른 곳으로 전근을 가게 되었다. 나의 불건전한 생활에 대한 집착이 화火를 불러오고 이러한 화는 화禍를 낳는다는 사실을 당시에는 전혀 알지 못했다.

한 마디
설법으로

전근 간 곳 가까이에 범어사가 있었다. 회사 업무 일로 자주 들르기도 하는 절이었다. 어느 날 업무상 절에 들렀는데 마침 법회가 열리고 있었다. 당시 주지스님께서 설법을 하고 계셨다.

"여기 오신 여러분께서는 이제 사회에서 좋은 것도 다 경험해봤으니 사회에서 경험한 것보다 더 좋은 부처님을 믿어 더욱더 안락한 생활을 해보지 않겠습니까."

주지스님이 이렇게 말씀하시는 것이 꼭 나를 집어 하시는 것 같았다. 불교가 무엇인지도 모르고 범어사에 왔다가 들은 한 마디 설법에 '이제 불교를 믿으면 마음이 편안해지고 사는 데 고통이 없겠다'는 생각이 들었다.

그때부터 절에 법회가 열리는 날에는 꼭 참석했다. 법회에는 주로 여자분들이 많았지만 그 틈 속에서 유명한 스님들의 법문을 들으니 마음이 편안해지는 것을 느꼈다. 절에서 불교대학을 운영했는데 불교를 체계적으로 배울 수 있는 좋은 기회였다. 2년간 불교대학 과정을 공부하면서 불교가 어떤 것인가를 체계적으로 이해할 수 있었다. 참선과 기도와 염불, 봉사활동 등 수행하는 방법도 배우면서 열심히 공부했다. 마음이 차차 편안해졌다.

회사에서 남이 근무하기를 꺼려하는 민원 부서에서 근무하게 되었다. 이곳을 찾는 민원인들은 담당자에게 함부로 대하고 심지어는 처음

모든 법은 본래 항상 그대로 열반이라

부터 욕설도 하고 자기의 주장을 강하게 나타내는 사람들이 대부분이다. 그러나 마음을 가다듬고 항상 친절하게 민원인들을 대하도록 노력했다. 일과 수행이 병행된 하루하루의 생활이었다.

참선 수행의
힘

일요일이면 참선 지도를 잘하신다는 유명한 선사님들을 친견하면서 가르침을 받았다. 당시 해인사 백련암에 계시던 성철 스님을 친견하면서 삼천배를 올리고 화두를 받고 화두 드는 법을 배웠다. 현재 조계종 종정이신 진제 스님이 그 당시에는 부산 해운대에 계셨는데 찾아뵙고 점검을 받기도 했다. 참선 중 일어나는 여러 가지 현상에 대해 질문도 하고 선문답도 하는 시간이었다. 범어사에서 진행하는 토요참선반에도 참가하여 일반 재가 수행자들과 열심히 수행했다.

아침에 일어나서부터 저녁 잘 때까지 화두를 챙기도록 노력했다. 처음에는 잘 되지 않았다. 선사님들의 도움이 있었지만 하루 종일 화두가 이어지는 날이 별로 없었다. 회사에서 생활하면서 버스나 지하철을 타고 가면서 화두를 놓치지 않으려고 노력했다.

1998년, 우리나라에 외환위기가 왔다. 내가 다니던 회사에서도 구조 조정의 칼바람이 불고 많은 동료 직원들이 회사를 떠나는 일이 일어났다. 회사에서는 노동조합 때문에 함부로 직원을 내보내지 못하여 계획적으로 직원들을 따돌림 시키고, 기술직에서 사무직으로 사무직에서 기술직으로 전출을 시키는 등 심하게 다루어 대개의 직원들이 견디어 내지 못하고 퇴사하게 만들었다. 나 역시 같은 상황을 당했지만 그럴수록 더욱 화두를 들고 마음을 편안하게 가지며 맡은 바 일을 열심히 했다. 개인실적은 항상 상위 그룹을 유지했다. 그럼에도 회사의 퇴직 압박은 점점 더 심해졌고, 실적이 좋았음에도 다른 곳으로 발령이 났다.

무문관
수행 체험

새로 발령이 난 곳은 경남 양산의 천성산이 가까운 도시였다. 천성산은 옛날부터 천 명의 성인이 수행을 했다는 곳으로 산에는 물이 맑고 숲이 우거져서 암자도 많은 곳이다. 평일에는 열심히 일을 하고 주말에는 천성산 조계암에서 철야정진 참선 수행을 했다.

　이곳에는 무문관이 개설되어 있어 일반 스님들은 안거 3개월 동안 하루 한 끼 받는 것 외에는 방문의 열쇠를 바깥에서 채우고 철저한 수행을 하는 곳이었다. 나는 주지스님의 일을 거들기도 하고 수행스님들의 필요한 일을 도와주기도 하면서 무문관 수행도 열심히 했다. 수행을 하면 할수록 마음이 편해지면서 처음에는 어렵던 경전들이 쉽게 이해가 되고 스님들의 법문도 알아듣게 되었다.

사는 것이 무척 즐겁고 재미가 있었다. 참선을 할 때 다른 생각이 올라오면 '아, 내가 이런 생각을 하고 있구나' 하는 것이 알아차려지게 되고 이때 또 화두를 들면 이것은 생각뿐이고 내 자신은 생각을 지켜보는 관찰자 처지에 서게 된다는 것을 알게 되었다. 즉, 떠오르는 생각을 객관적으로 통찰할 수 있다는 것을 알게 된 것이다.

운동선수들이 어릴 때부터 열심히 연습을 거듭해 성년이 되어 시합에 나가서 제 기량을 발휘하여 승리하듯이 참선도 평소의 꾸준한 연습이 필요하다고 생각한다. 평소에 마음을 관찰하는 연습을 하고 있지 않다가 갑자기 힘든 일이 생기면 마음을 통제하기가 어렵다는 사실을 경험으로 알았다.

회사의 구조 조정 정책은 바뀌지 않았지만 참선 공부를 통해 내 마음이 바뀌니 회사에 대한 나쁜 감정이 사라졌다. 회사 때문에 내가 고통스러운 것이 아니고 회사에 대한 나의 애착 때문에 고통이 생긴다는 것을 참선 공부를 통해서 깨달았기 때문이다.

마음을 다스려 차분히 행동하니 오히려 회사 직원들이나 나를 퇴직시키려고 하던 상관들이 더욱 친근하게 대해주었다. 다른 동료 직원들은 대부분 마음이 심하게 흔들려서 정년도 채우지 못하고 퇴사하는 일이 많았다. 이러한 마음 수행 결과는 회사 생활뿐만 아니라 가정·정치·사회·경제 등 모든 생활에도 마찬가지로 적용된다는 것을 알게 되었다.

새로운 인생을
위한 기회

정년퇴직을 1년 앞두었을 때 회사에서는 그동안 고생했다면서 유급휴직 1년을 주었다. 앞으로 제2의 인생을 준비하는 기회였다. 그동안 참선 수행을 열심히 해오면서 이제는 나보다 남을 위해서 살아가야겠다는 생각이 저절로 일어났던 터라 '인생 제2막은 남을 위해서 사는 것이다'라는 생각에 무엇을 할 것인지 찾아보았다.

봉사를 전문적으로 하기 위해서는 우리나라 여건상 사회복지사 자격이 필요하다는 것을 알았다. 알아보니 일반 대학에 직접 다니지 않고 컴퓨터를 통해 온라인으로 공부할 수 있는 디지털대학 과정이 있었다. 그래서 여기에 입학해 직장 생활을 하면서 틈틈이 공부했던 통신대학 졸업자격으로 1년 동안 사회복지 관련 과목을 추가로 이수하고 학점을 취득해 사회복지사2급 자격을 취득했다.

현장 실습기간 중에는 노인요양병원에서 실습을 했는데 실습생 중 남자는 나 혼자뿐이었다. 주로 나이 많은 어르신들로 치매 환자나 거동이 불편하신 분의 대소변을 받아드리고 식사를 도와드렸다. 어르신들은 고독하게 지내며 사람을 그리워하다 말동무를 해주는 사람이 나타나니 매일 나를 기다리신다고 했다. 나 역시 노인에 접어든 나이라 소중한 체험이 되었다.

입원 환자 중에 지극한 불교신자인 할머니 두 분이 계셨는데 이분들은 다른 분들과 달리 치매 증상이 없고 하루 종일 방 안에 갇혀 있어

모든 법은 본래 항상 그대로 열반이라

도 지루하지가 않고 마음이 항상 편안하다고 하셨다. 어떻게 그런 마음이 드시냐고 물으니, 일찍부터 절에 다니면서 불교 공부하기를 좋아했고 관세음보살을 늘 염했는데 요즘은 저절로 관세음보살이 염해지고 마음이 편하다고 하셨다. 참선도 항상 의심이 끊어지지 않고 이어지는 공부가 되어야 마음이 편안하고 마음이 언제나 본성에 머물러 있는 것과 일치했다.

청년 취업을
위해 일하자

사회복지사 자격증을 취득하고 어떤 곳에서 봉사 활동을 할 것인지 찾아보았다. 우리나라에서는 일자리를 마련하여 일정한 소득으로 살아가야만 기본적으로 행복한 생활을 누릴 수가 있다. 이러한 점에 착안하여 일자리 찾는 사람을 도와주는 일을 하기로 마음을 굳혔다. 우리나라 고졸자들이 너도나도 대학 진학에만 몰려서 고급 인력이 남아돌고 학부모들의 부담도 많고 중소기업이나 대기업 생산직에는 인력이 모자라는 현상이 일어나 당시 정부에서는 고등학교만 졸업하여 먼저 취업하고 취업 후에 진학하는 '선 취업 후 진학'이라는 제도를 마련했다. 전국 실업계 고교를 특성화 고등학교로 지정하여 학생들의 선취업을 장려하는 제도로 이에 따른 학생들의 취업 활동을 도와주는 취업 지원인력을 모집하고 있었다.

모집 공고를 보니 내 고향의 실업계 고등학교에서도 취업 인력을 모집하고 있었다. 지금 사는 집과는 거리가 있었지만 응시를 했다. 벽지나 다름없는 도시라 응시자가 몇 명 되지 않았고 내 나이로는 선생님들도 이미 퇴직했을 연배이지만 합격을 하여 학생들의 취업을 도와주는 일에 종사하게 되었다.

학교 학생들은 가난한 결손 가정 출신이 대부분이었다. 졸업하고 취직을 하지 못한 어려운 학생들에게 항상 평등하게 대하려고 했고, 구인업체를 일일이 다니면서 학생들의 취업처를 발굴하고 학생들의 이력서와 자기소개서 작성을 지도했다. 면접 연습도 시켜서 직접 데려가 취업을 시키는 일을 담당하고 있다.

한 명씩 취업시킬 때마다 좋아하는 학생이나 학부모를 볼 때 큰 보람을 느꼈다. 죽어서 염라대왕 앞에 가서 심판받을 때 취직 1명을 시킨 것을 고하면 12가지 죄를 면해준다는 우스갯소리가 있을 정도로 요즘 우리나라는 청년 1명 취업시키기가 너무나 어려운 실정이다.

지난 3월에는 부처님을 만난 것이 하도 고맙다는 생각이 들어서 선종의 초조인 달마대사가 9년 면벽 수행한 중국 숭산을 다녀왔다. 당시는 선의 황금시대였지만 지금 중국에서는 선종이 사라진 지가 오래고 우리나라에서만 그 명맥을 유지하고 있다는 사실을 알게 되니 선맥이 살아 있는 이 땅에서 태어나서 부처님을 만나 참다운 수행으로 행복한 생활을 할 수 있다는 것을 다행으로 생각한다.

경계에도 홀리지 말고 마음에도 홀리지 말라

항상 부처님을 부르며 잊지 말라

　　　모기가 무쇠소에 덤벼드는 것과 같이하라

어디를 가더라도 걸림없이 살지어다

제 4 부

번뇌가 헛것임을 아는 순간 깨달음이다

범부는 바깥 경계를 취하나
도를 닦는 사람은 마음을 취한다.
마음과 경계를 모두 잊어야만
진실한 법에 이를 수 있다.

凡夫取境 道人取心 心境兩亡 乃是眞法

경계에도
홀리지
말고
마음에도
홀리지
말라

법광 전상삼

아내의 권유로 불교에 입문한 지 약 30년이 되었다. 불법과 인연이 있었는지, 국가공무원 생활을 하면서도 교리를 배우며 신심을 증장시킬 수 있었다. 그러던 중 1995년 봄, 직장에서 시행한 해외 연수교육차 10일간의 유럽여행 기회를 얻을 수 있었다. 동료들과 떨어지면 북한 공작원에게 포섭되어 북송될 수 있으니 각별히 주의해야 한다는 특별교육도 받았다. 그래서 무사히 여행을 다녀올 수 있도록 기원하며 여행 몇 달 전부터 새벽마다 부처님께 백팔참회기도를 시작했는데 그것이 20년이 지난 지금까지도 이어오고 있다.

가피를
받다

1995년 6월 5일에 출국하여 프랑스 파리에 도착한 다음 날, 루브르
박물관 4층에서 사진기 필름을 교체하던 중 동료들과 헤어지는 일이
벌어졌다. 갑작스런 상황에 당황한 채로 일행을 찾으러 각 층을 뛰어다
니며 찾았지만, 수만 명의 인파 속에서 일행을 찾기란 무척 어려웠다.
언어 소통조차 어려웠으니 초비상이 걸린 셈이다.

평소에 귀의하였던 관세음보살님의 명호를 나도 모르게 염송했다.
몽유병자와 같은 무의식상태에서 오로지 한 생각, 관세음보살님만을
애타게 부르며 헤맨 지 약 40여 분, 박물관 어느 입구에 서 있는 수위
근무자에게 짧은 영어로 도움을 요청했다. 그러나 그 당시만 해도 '프
랑스에 오면 프랑스어만 사용하라'는 말이 통용되던 시기여서 그들은
짧은 영어와 몸짓, 손짓을 하는 여행객을 고자세로 대하기만 했다. 한
참을 수위근무자 앞에서 쩔쩔매고 있는데 누군가가 나의 등을 두드렸
다. 돌아보니 신체 건장한 40대의 잘생긴 신사였다.

"한국에서 오셨습니까? 일행을 찾고 계십니까?"

나는 정말 반가워서 "예"하며 일행을 꼭 만나게 해달라고 사정했다.
자신을 파리에서 공부하는 한국 유학생이라고 소개한 이 신사는 지하
3층 주차장으로 내려가면 동료들과 만날 수 있다며 엘리베이터까지 안
내해주었다. 지하 3층에 내렸더니 30여 미터 앞에서 초면인 수염 많은
외국인이 손짓으로 나를 오라고 했다. 그는 나를 데리고 100여 미터

정도 주차된 버스들을 지나서 어느 버스의 문을 열더니 나보고 타라고 한다. 승차했더니 나의 여행 가방이 선반 위에 얹혀 있는 것이 아닌가! 버스의 번호도, 색상도, 기사님의 얼굴도 전혀 알지 못하는 상태였는데, 이렇게 기막히고 진귀한 현상을 뭐라고 설명할 수 있을까? 너무나도 감격스럽고 불가사의한 불보살님의 가피에 형언할 수 없는 법희선열法喜禪悅의 기쁨을 느꼈다. 비록 40여 분이라는 짧은 시간의 기도 염불이었지만 너무나 긴장한 나머지 무의식 상태에서 그토록 간절하게 부처님을 찾았던 것이다. 내 생애를 통해 그렇게 열심히 부처님을 찾은 일도 없을 것이다. 〈관세음보살 보문품〉에서 말씀하신 그대로, 대자대비 천수천안관세음보살님께서 응신하셔서 나에게 현증가피를 주신 것이라고 확신한다.

분별도
사치다

공무원 정년퇴임 후 2003년에 제8기 조계종 포교사가 되어 북한 이탈 주민을 대상으로 포교하는 통일분과위원장직을 수행하고 있었다. 2008년 6월 아내가 폐결핵 중증환자로 중앙대학교 의료원에 입원했다. 그러나 차도는 없이 임파선 결핵으로 진행되더니 끝내 결핵균이 뇌까지 침투하여, 2008년 12월에는 결핵성 뇌수막염으로 악화되고 말았다.

의식 불명 상태에서 12월에 1차 뇌수술을 했지만 실패했다. 계속된 의식불명 상태에서 2009년 1월 초, 2차 수술에 성공하여 생명은 건졌다. 그러나 그 후유증으로 뇌경색이 왔다. 수족장애, 눈동자가 고정되어 시력저하, 청력장애, 음식물조차 못 넘기고 말을 못하는 언어장애, 그리고 지적 사고력장애, 기억력장애 등의 상태에서 재활훈련을 거쳐 2009년 9월에 퇴원할 수 있었다. 그러나 그마저도 얼마 가지 못했다. 통원 재활 도중 고관절이 골절되어 또 한 달 동안 입원치료를 해야 했다.

아내는 노인장기요양보호 3급 판정을 받았다. 나는 요양보호사 자격증을 취득해 집에서 아내를 돌보고 있다. 2008년 12월 아내의 뇌 수술 날짜가 예정되어 대기 중이었을 때, 수술 직전 집도의 교수님으로부터 환자보호자 면담 요청이 왔다. 교수님께서는, "뇌수막염 자체도 위험한 수술인데 뇌 속에 결핵균이 침투하여 뇌신경이 파괴되었으니 지금까지 살아계신 것 자체가 희귀한 사례입니다. 수술을 한다 해도 생사는 장담할 수 없고, 심한 후유증이 예상되니 수술을 포기하시는 것이 어떻겠습니까?"라며 제안했다. 그러나 나에게는 아내를 살릴 수 있다는 신심과 확신이 있었기에 수술을 꼭 해야 한다고 강력히 요청했다. 비록 1차 수술은 실패하였지만, 2차 수술은 성공했다. 수술 이후 집도의 교수님은 회진을 할 때마다 아내가 살아 있다는 사실을 이해할 수 없다는 듯 고개를 갸우뚱한다. 교수님도 말씀하셨듯이 결핵성 뇌수막염이 발병하여 살아남은 사람은 극히 드물다고 한다.

아내의 병 수발이 시작되자 모든 사회활동을 중단할 수밖에 없었다. 여성 전용 병실이었기에 다른 환자들에게 피해를 주지 않으려 항상 조심스럽게 행동했지만 병실 생활은 녹록지 않았다. 간병인들의 질책과 멸시, 비아냥, 비협조, 화장실 사용제한, 좁은 의자 위의 새우 잠 등의 애로사항은 생사의 기로에 있는 아내의 병세 앞에서는 사치에 불과했다.

취미인 서예로 20여 년간 사경한 《반야심경》을 많은 불자님들께 법보시하며 배운 가르침 덕분인지 병실에서 겪게 되는 모든 역경들은 '보아도 본 바 없고, 들어도 들은 바 없어' 분별심을 없앨 수 있었다. 그리고 모든 경계들이 실체가 없는 공空한 것이며, 제행의 무상한 것으로 일체의 곤액을 건널 수 있다는 《반야심경》의 '조견오온개공 도일체고 액照見五蘊皆空 度一切苦厄'의 말씀을 항상 명심하면서 마음을 추스를 수 있었다.

병실이
나의 수행처

아내의 병세는 갈수록 위중해졌다. 중앙대학교 의료원에는 다행히 지하 법당이 있었는데 불교방송에서 〈거룩한 만남〉 프로그램을 7년 동안 진행하신 지현 스님이 운영을 맡고 계셨다. 지현 스님은 법당 봉사자 분들과 함께 우리 병실에 오셔서 위로와 격려를 해주시고 희망과 용기를 잃지 않도록 다독여주셨다. 생사가 교차하는 삭막한 병원이었지만 부처님께 기도를 올릴 수 있는 신행공간이 있다는 사실이 나에게는 너무나도 경이로웠고, 환희와 감사 그 자체였다. 20년 동안 놓지 않은 백팔참회기도와 신행을 병원에서도 올릴 수 있음에 한량없이 감사한 마음이 들었다.

이른 새벽, 아내의 대소변 등의 모든 처치를 끝내고 옆 환자 보호자에게 전화번호를 건네며 아내를 부탁한 후, 5시에 병원 지하에 있는 법당에 내려가 부처님께 마지물을 올리며 백팔참회 절, 독경, 염불, 새벽예불을 거의 빠짐없이 올렸다. 그리고 올렸던 마지물로 아내에게 약을 복용시켰다. 밤이 되면 아내를 재우고 밤 10시까지 지하 법당에 내려가 11시까지 참회와 독경, 저녁예불을 올렸다.

아내의 입원기간은 나 혼자만이 법당 부처님과 독대, 친견할 수 있는 유일한 기도시간이었고, 지난 과거생에 아내에게 잘못한 일들에 대한 참회와 반성을 위해 목청껏 염불하면서 마음 놓고 목탁을 칠 수 있었던 나만의 소중하고 행복했던 시간이었다. 또한 법당에 내려갈 때 14층 병동에서 지하 2층까지 계단으로 오르내리는 것이 유일한 나의 운동 수단이기도 했다.

'내가 명색이 조계종 포교사인데 이번 기회에 간절한 마음으로 기도하여 불보살님을 감복시켜보자. 냉온자지冷溫自知라는 말처럼, 더운물인지 찬물인지 내가 직접 체험해보고 난 후 앞으로 포교 현장에서 자신 있게 설명할 수 있을 것이 아닌가? 불보살님의 가피와 불가사의한 영험은 정말 사실인가? 부처님의 무량한 자비공덕을 확실히 믿고 기도를 실제로 열심히 해보자. 부처님께서는 "신심은 도道를 이루는 공덕의 어머니"라고 《화엄경》에서 말씀하시지 않았던가. 우리의 믿음이 견고

하고 간절할 때 불보살님의 가피는 꼭 있을 것이다.' 기도를 통해 스스로 다짐하며 아내의 병수발에만 전념할 수 있었다.

뇌 수술 후 2주가 되어 갈 즈음 아내가 깨끗한 차림으로 단장을 한 채 이제 내 병이 다 나았으니 그동안 신세를 진 분들께 인사를 간다고 했다. 나는 무척 고맙고 기뻐서 좋아하다가 깨어보니 꿈이었다. 새벽 3시였고, 병상에 누워있는 아내는 아직도 무의식 상태 그대로였다. 좀처럼 꿈을 꾸지 않는 나인데, 너무나 허망하고 허전하여 혼자서 울기만 했다. 며칠 후 또 다시 꿈을 꾸었다. 돌아가신 어머니가 밝은 표정으로 나타나셨다. 별 말씀은 없었지만 잠시 후 백의관세음보살님 모습으로 변하여 허공에 머무르다 사라졌다. 너무나도 황홀하여 무수배례하며 관세음보살님을 찬탄했다. 나의 간절한 기도에 부처님께서도 희망과 용기를 주시려고 몽중 가피로서 보여주신 것 같아 더욱 신심이 견고해졌다.

남을 위한 기도 봉사가
곧 나를 위한 것

중앙대 병원과 고려대 구로 병원 내 법당을 운영하시는 지현 스님과 만난 인연이 지중하여, 2009년부터 지금까지 화요일은 고려대 구로 병원 법당, 목요일은 중앙대 병원 법당 봉사자 분들과 함께 오전 10시부터 각 층 병실을 찾아간다. 환우들과 가족들을 대상으로 각계로부터 기증 받은 불교신문, 법보신문, 〈법공양〉, 〈불광〉 등 사찰 정기간행물을 나눠드리며 신행상담을 하고 있다.

오후 2시부터는 환우, 가족들과 정기예불이 시작된다. 스님이 자리를 비울 때는 내가 직접 예불을 집전한다. 관음정근과 환자를 위한 쾌유 기도문이 낭독될 때면 환우와 가족들의 애태우는 흐느낌을 들으면서 환우들의 아픔과 괴로움을 조금이나마 나눌 수 있다. 또 부처님의 가피로 퇴원을 하는 환우들을 보면서 나의 일인 양 고맙기도 하다. 힘든 봉사생활 속에서도 느낄 수 있는 감사와 보람이라 할 수 있겠다.

몇 년 전만 해도 병실을 다니며 봉사하는 분들이 여러 명이었지만 시일이 지나면서 개인사정으로 봉사자들이 줄어들기는 했다. 안타깝지만 사실 각 병실을 돌아다니며 봉사한다는 것이 쉬운 일은 아니다. 특정 종교인들의 냉대, 악취를 포함해 불결할 수 있는 병실의 환경 등도 초발심 봉사자 분들이 몇 회를 넘기지 못하고 포기하는 큰 이유다. 다른 종교의 젊은 여성들 여러 명이 함께 병실을 다니며 전도하는 모습을 보노라면 나 자신의 능력 부족에 심한 자괴감을 금할 수 없다. 지금에 와서는 봉사자가 줄어 법당을 지키는 보살님 한 분, 그리고 병실을 다니며 봉사하는 사람은 한 명 내지 두 명뿐, 요즘은 나 혼자서 봉사를 할 때가 더 많다.

내 나이 일흔이 훨씬 넘었지만 건강이 허락하는 한 봉사를 하겠다는 부처님과의 약속 때문에 용기를 잃지 않고 봉사에 임하고 있다. 그러나 힘들 때마다 "부처님께 발원합니다. 불보살님이시여! 병실에서 법보신문을 기다리며 반갑게 맞이하는 불자 환우부처님들이 많이 계십니다. 이들에게 부처님 자비의 법음을 전할 수 있도록 봉사자님들을 많이 보내주십시오. 간절히 발원합니다.”

현실의 여건은 어렵지만 그래도 신명나게 봉사에 임하고 있다. 몇 년 간 환우들을 위한 기도 봉사를 하다 보니 아내의 병세가 신기하게도 점점 호전되었다. 이제는 혼자서 목욕탕에 다닐 수 있고, 밥도 짓고, 반찬도 온전히 할 수 있을 만큼 호전되었다. 지적 능력은 약간 저하되었지만 신체기능이 몰라보게 좋아진 것을 보면서 '남을 위한 기도와 봉사가 헛된 것이 아니고 곧 나의 공덕으로 부메랑처럼 돌아온다'고 굳게 믿으며 불가사의한 가피에 한없는 감사를 올린다.

중생의 바람은 도대체 어디까지일까. 나 역시 아내가 뇌 수술 전후 몇 개월 동안 식물인간처럼 사지를 자유롭게 움직이지 못하고 누워만 있을 때, 부처님께 간절히 바랐다. 부디 의식이 돌아오기를, 앉을 수 있기를. 그런데 앉게 되자 설 수 있기를, 서게 되자 걸을 수 있기를, 재활 훈련이 시작되자 손을 사용할 수 있기를, 고정된 눈동자가 돌아오기를 또 바랐다. 음식물을 목으로 넘길 수 있도록 훈련시키는 연하치료를 받을 때는 아내가 음식물을 제발 삼킬 수 있기를 바랐다. 말을 할 수 있기를, 귀 신경이 돌아와 소리를 잘 들을 수 있기를, 혼자서도 화장실 출입을 할 수 있기를…. 그러나 끝도 없이 이어지는 나의 바람을 부처님께서는 다 들어주셨다. '기적'을 보여주신 것이다. 아내의 몸 기능이 병이 나기 전처럼 제자리로 돌아온 것이다.

우리들은 매일 기적 속에 살고 있다. 그것이 사실이다. 우리는 매일 아침 눈 뜰 수 있다. 내가 보고 싶은 곳을 볼 수 있고, 듣고 싶은 것을 들을 수 있고, 가고 싶은 곳으로 걸을 수 있다. 달리 기적이 아니라 바

경계에도 홀리지 말고 마음에도 홀리지 말라

로 이런 것이 기적이다. 아내의 병으로 인해 나는 내가 매일 기적 속에 살고 있으며 놀랍게도 그것에 대해 전혀 감사할 줄 모르고 살고 있었다는 중요한 사실을 깨달았다.

변화한
나의 삶

부처님 말씀에 병이 생기는 이유는 무명 또는 무지에서 출발한 탐진치 삼독과 아만심, 번뇌망상과 집착, 잘못된 습관, 스트레스가 주요 원인이라 했다. 아내의 병은 아내 자신에게서 원인을 찾을 수 있었다. 40여 년을 나와 함께 살면서 나로 인해 어렵게 살아온 모든 고난들 때문이었다. 나는 원인을 제공한 동업중생으로서 막중하고 무한한 책임을 느낀다. 그래서 금생에 지은 업연은 금생에 다 끊어야 한다는 책임감 속에서 아내의 병구완을 동체대비의 심정으로 임했던 것이다.

병원에서 1년 반, 통원 및 자가치료 1년 반의 3년 동안 나도 영어의 몸이 되어 사회활동을 하지 못했다. 아내가 점차 회복되면서부터 나도 해방되어 새로운 생활을 만나게 되었다. 2010년부터는 포교사단 업무에 복귀할 수 있었고 포교사단 중앙 감사직을 거쳐 지금은 포교사단 선거관리위원장직을 수행하고 있다. 아내 덕분에 사회활동을 할 수 있으매 아내가 한없이 고맙고 감사하다.

불과 3년 전만 하여도 상상할 수 없던 내 자신의 변화이다. 불교에 귀의한 지 30년 만에 인연 연기의 법칙을 실감한 것이다. 이제 철이 들었나 보다. 아내가 다시 살아난 덕분에 아내가 소중하고 감사함을 알았고, 의사 선생님의 고마움을 알았고, 병원과 사회 덕분임을 알았고, 가족의 소중함을 알게 되었으니 두두물물 감사하고 감사할 뿐이다.

아내가 병이 나기 전에는 백팔참회기도를 할 때 지난 과거생에 대한 반성으로 "참회합니다"라고 기도했다. 그러나 아내가 회복하고 난 지금은 천지만물에게 "덕분입니다, 감사합니다" 하며 기도를 올린다. 또한 내 주변의 감사한 이들을 하나하나 떠올리며 "덕분입니다. 감사합니다"라고 삼배씩 절을 올린다. 나의 건강이 유지되는 한 백팔배 참회는 계속하리라 다짐하고 발원해본다.

경계에도 홀리지 말고 마음에도 홀리지 말라

염불이라는 것은

입으로 하는 것은 송이요,

마음으로 하는 것이 염이니,

한갓 외기만 하고 생각하지 않으면

도에 아무 이익이 없느니라.

念佛者 在口曰誦 在心曰念 徒誦失念 於道無益

항상 부처님을
부르며
잊지 말라

회광명 이경휴

'쿠~웅' 하는 소리에 깜짝 놀라 설거지를 하다 말고 방으로 뛰어 들어갔다. 남편이 침대 아래로 떨어져 눈만 껌뻑이고 있었다. 당황해서 옆에 있는 그의 휴대전화를 들고 다급하게 외쳤다. "용철이 몇 번이야, 몇 번이야?" 단축번호를 재차 물었다. 평소에는 큰애의 전화번호가 〈신묘장구대다라니〉 주력보다 더 빨리 나오곤 했는데 금세 내 머릿속은 전원이 나가버렸다. 소리를 지르며 다그치자 그는 "사~암~번(3번)"이라고 힘겹게 말했다. 이미 검은 눈동자는 초점을 잃었고 소변이 흥건히 방바닥을 적시고 있었다. 3번을 꾹 눌렀다. 신호가 떨어지자마자 또 나는 소리를 쳤다. "용철아, 아빠가…" "네, 알았어요." 내가 전화를 끊기도 전에 아들의 전화는 끊겼다.

제발
한 번만 더

같은 아파트 단지 내 사는 아들은 퇴근길에 들려서 아빠의 컨디션을 걱정하고 갔었다. 며칠 동안 변비로 고생을 하며 먹는 게 통 없어 염려하던 차라 아들은 나의 다급한 목소리에 상황을 짐작했던 모양이다. 불과 5분도 안 된 사이 아들은 뛰어 들어왔고 연이어 119 구급대원들이 들이닥쳤다. 바로 집 앞에 있는 대학병원 응급실로 옮겨졌고 신속한 처치와 치료가 시작되었다. 흰 가운을 입은 의사들 여럿이 왔다 갔다 하며 긴박하게 움직였다. 산소통을 침대에 달고 수혈이 시작되면서 온갖 줄들이 그의 몸에 달렸다. CT(전산단층촬영)를 찍기 위해 영상의학실로 가는 도중 눈에 들어오는 '장례식장' 팻말은 내 팔목을 잡아당기는 듯해 섬뜩했다. 불안하고 불쾌했다. 어렵사리 응급처치가 끝나고 중환자실로 옮기니 창밖이 희붐했다.

  장허혈로 인한 쇼크(shock), 흔히 말하는 패혈증이었다. 치사율이 80%에 가깝다는 치명적인 질병이다. 급히 응급수술로 이어졌다. 수술동의서에 서명하는 큰아들의 손이 파르르 떨렸다. 의식 없이 침대에 실린 남편은 수술실의 육중한 문이 열리면서 우리 시야에서 사라졌다.

  '관세음보살 관세음보살…' 관세음보살님 명호를 간절히 부르는데도 순간순간 평소에 염송하던 주문들이 무작위로 쏟아져 나왔다. 아니, 아니, 고개를 휘저으면서 또 관세음보살 관세음보살… 20여 분이 흘렀을까, 수술실 문이 스르르 열리면서 담당 의사가 다급하게 우리를 찾았다. 침통한 표정으로 그는 도저히 수술이 어렵겠으니 마음의 준비를 하고 기다리라는 한 마디를 남기고 다시 들어갔다.

우리는 오열했다. '이렇게 끝나다니, 이럴 수는 없지, 부처님 한 번만 더 우리에게 기회를 주십시오. 한 번만 더 기회를 주십시오.' 나는 눈물 콧물 범벅된 얼굴로 흐느끼며 또다시 부처님께 매달렸다. '그럼 부처님 우리 용석이가 이 땅에 올 때까지라도 시간을 주십시오.' 작은아들은 부처님의 나라, 미얀마에서 국제개발에 관련된 일을 하고 있다. 설상가상으로 그곳 오지 중의 오지로 출장을 나갔다고 하니 언제 연락이 닿아 비행기를 탈 수 있을지 아무도 모를 일이었다. 연신 통곡을 하며 '그때까지만'이라도 남편을 우리 곁에 있게 해달라고 몸부림치며 절규했다. 간혹 나를 집요하게 선교하려는 사람들에게 나는 한마디로 '모태붓다'라고 일축해버린다. 그럼에도 불구하고 그 시간에는 세상의 모든 신들에게 '한 번만 더 기회를 주십사' 하고 간절히 읍소했다. 대자대비하신 우리 부처님도 내 마음을 충분히 이해하실 거라고 믿었다.

얼마나 시간이 흘렀을까, 〈신묘장구대다라니〉 백팔독이 2번 정도 끝나자 마음이 다소 안정되었다. 2시간 30여 분이 지난 시간이었지만 수술실에서는 우리를 다시 부르지는 않았다. 희망적이라는 확신이 들었다.

잠시 후 수술실 문이 소리 없이 열리면서 산소통을 단 눈에 익은 침대가 나왔다, 우리는 침대에 엉겨 붙었다. 산소마스크를 입에 대고 남편은 깊은 잠에 빠져 있었다. 수련의, 전공의, 수술을 집도한 의사선생님 모두가 긴장과 피로에 금방이라도 무너질 듯했다. 선생님은 상황을 간략하게 얘기하고 자리를 떴다. "마취를 하자마자 혈압이 갑자기 떨어져서 위급했어요. 겨우 괴사된 대장만 잘라냈어요. 소장과 대장을 연결해야 하는데 체력이 바닥이라 그냥 봉합만 했어요, 모레 다시 수술합시다."

나는 눈물과 함께 '부처님, 고맙습니다. 부처님 고맙습니다'를 끝없이 되뇌었다.

관음전에서
기도하세요

이틀 후 또다시 수술로 들어갔다. 계획했던 소장과 대장을 연결하는 수술은 못하고 응급으로 장기에 관을 꽂은 채 두어 시간 만에 나왔다. 더 이상 버틸 체력이 없었기에 서둘러 수술을 끝냈다고 했다. 3차 수술은 컨디션이 좋을 때 다시 하자는 말을 남기고 자리를 피하는 의사 선생님의 표정에서 절망의 빛이 스쳐갔다. 그로부터 남편은 깊은 잠에서 깨어나지를 못했다. 사색이 되어 미얀마에서 들어온 작은아들은 '분명 아빠는 깨어나니까 모두가 절대로 부정적인 생각을 하지 말자'고 다짐을 했다.

그런데도 나는 평소 익혔던 부처님의 말씀들이 불쑥불쑥 떠올라서 괴로웠다. '생야일편부운기 사야일편부운멸生也一片浮起雲 死也一片浮雲滅' 인연 따라 왔다 인연 따라 간다, 헌 옷 벗듯이 벗고 간다, 생자필멸

174

生者必滅… 이런 법음들을 가슴에 담고 집 가까이 삼각산에 있는 절을 찾아가 명부전에 엎드려 한없이 울면서 기도를 올렸다.

오전 중환자실 면회가 끝나면 오후 면회시간까지 지장보살님을 염하며 대한大寒 추위와 맞섰다. 초췌해진 내 모습에 놀란 아들들은 절에 가지 말고 차라리 집에서 기도를 하라고 윽박지르다시피 했고, 큰아들은 불만스럽게 한마디 했다. "왜 명부전에서 기도를 해요, 관음전에서 기도하세요." 한 가닥 지푸라기라도 잡는 심정으로 다음 날부터 관음전으로 자리를 옮겼다.

일념으로 관세음보살님 명호를 불렀다. 눈을 감았다가 떴다가, 큰소리를 내다가 웅얼거리다가, 목이 메었다가, 눈물범벅이 되었다가, 일어났다가 앉았다가… 관세음보살님은 그저 알 듯 모를 듯 묘한 미소를 짓고 나를 내려다 볼 뿐이었다. 보름 정도가 지났을까. 관음정근 중 홀연히 명화名畵 한 장이 나타났다. 그리스도교 미술의 백미라고 일컫는 미켈란제로의 〈피에타Pieta〉. 죽은 예수의 몸을 떠받치고 있는 비탄에 빠진 성모마리아의 모습 대신, 인자한 미소를 머금고 있는 관세음보살이 남편을 안고 눈빛을 맞추고 있었다. 남편 역시 미소로 화답을 하고. 순간 나는 남편이 깨어나리라는 확신이 들었다.

2차 수술이 끝나고 17일이 되던 날, 남편의 의식이 서서히 돌아왔다. 오전 면회 때 눈을 껌뻑이더니 오후에는 내 손을 살며시 잡고 눈물을 흘렸다. 나 또한 뜨거운 눈물을 삼키며 연신 "부처님 고맙습니다, 부처님 고맙습니다" 하며 그의 손을 꼭 잡았다.

회복은 너무 더디게 왔다. 또 한 번의 수술을 앞두고 있는 우리로서는 초조하기 그지없었다. 간간히 출혈 기미가 보이면서 열과 염증 수치가 오르고, 혈압과 맥박이 고르지 않았다. 또 CT, 엑스레이를 찍고, 실험 단계에 있는 신약을 써보고… 담당의사는 더 이상 할 치료는 없으니 그냥 두고 보자는 말만 되풀이했다. 또 내가 갈 수 있는 곳이란 관음전밖에 없었다. 관세음보살님이 남편을 안아주었으니 분명 일어나게 하리라는 믿음으로 열심히 기도했다. 염송에 몰입하면 관세음보살님은 여러 모습으로 나투셔서 나를 벅차게 했다. 침대 머리에 앉아 있기도 하고, 침대 주변을 빙빙 돌기도 하고, 누워 있는 그를 일으켜 앉히기도 하고, 그의 겨드랑이에 손을 넣어 세우기도 하고….

기도의
힘

드디어 한 달 만에 3차 수술로 들어갔다. 기대에 부푼 우리에게 의사 선생님은 조심스럽게 수술 배경을 말했다. 일단 개복을 해봐야 정확하게 상태를 알 수 있겠고 설령 개복을 했더라도 회복되지 않았으면 장기 주변의 상처만 치료하고 덮을 수도 있다. 최소 두세 시간에 나올 수도 있고 그 이상 시간이 걸리면 수술이 잘 진행되는 걸로 여기라고 했다. 남편은 의식 없이 두 번의 수술실로 들어갔던 때와는 달리 침대에 누워 희미하게 웃었다. 며느리는 "아버님, 힘내셔요, 사랑해요" 소리를 수술실 문이 닫힐 때까지 외쳤고, 그 후 우리들은 간절한 염원을 가슴에 담고 침묵하며 기다렸다. 세 시간이 훌쩍 지났는데도 수술실에서는 우리를 부르지 않았다. 초조하고 긴장했던 마음이 풀리면서 모두의 얼굴에 화색이 돌았다. 나도 크게 심호흡을 하며 "부처님, 고맙습니다. 부처님, 고맙습니다" 하며 합장을 했다.

계속 시간은 흘러가고 〈신묘장구대다라니〉 백팔독과 관음주력을 번갈아 가며 염송했다. 차츰 몰입의 시간이 길어지자 신기하게도 수술실 정경이 눈앞에 펼쳐졌다. 관세음보살님이 정병에 꽂혀 있는 버들가지를 뽑더니 메스 끝에 달고는 수술을 인도하는 것이었다. 버들가지를 따라 메스는 부지런히 쫓아가고 그는 평안한 얼굴로 잠이 들어 있고… 이러기를 다섯 시간. 수술실로 들어가고부터 장장 아홉 시간 넘게 수술이 진행되었다. 수술실을 나오는 선생님은 그 과정을 우리에게 설명하기에 앞서 피로에 지친 몸을 기댈 벽부터 찾았다.

"상태가 참 묘했어요. 장에 난 천공과 장끼리 유착도 심했는데 서로 절묘하게 어우러져 수술을 할 수 있게 자리를 만들어 놓았더라고요. 시간은 많이 걸렸지만 깨끗하게 끝났으니 회복은 조급하게 생각하지 말고 기다립시다."

총총 사라지는 의사 선생님을 향해 나는 연신 합장을 하며 머리를 조아렸다. '부처님 고맙습니다, 부처님 고맙습니다.' 아들 며느리는 서로 얼싸안고 웃음과 울음을 동시에 터트렸다.

병원을 나서니 둥근달이 휘영청 높이 떠있었다. 정월 대보름이었다. 울며불며 보낸 겨울의 끝자락도 봄의 입김에 녹아내리고 있었다. 어디선가 쥐불놀이 불빛이 따스하게 원을 그리며 우리에게로 다가오는 듯했다.

그로부터 보름 정도 남편은 중환자실에서 치료를 받다 드디어 일반 병실로 옮겨왔다. '천릿길도 한 걸음부터'라는 말처럼, 남편은 지금 천천히 걸음을 떼기 시작한다. 그 걸음걸음마다 관세음보살님이 버들가지 쥔 손을 내밀어주시니 머지않아 뛸 수도 있으리라. 내 손과 그의 손을 잡은 관세음보살님은 우리를 부처님 전으로 인도할 날을 계획하며 빙그레 웃고 계시는 듯하다.

화두 들고 참선하는 것은
모기가 무쇠로 된 소에 덤벼드는 것과 같이하라.
어떠하고 어떠한지 다시 묻지 말고
도저히 주둥이가 들어가지 않는 곳에
목숨을 버릴 작정으로 한 번 뚫으면
언젠가 몸통 전체가 들어갈 날이 있으리라.

此事 如蚊子 上鐵牛 更不問如何若何 下嘴不得處 棄命一攢 和身透入

모기가 무쇠소에 덤벼드는 것과 같이하라

결계 이원찬

내 몸뚱이도 내 마음의 그림자에 지나지 않는데, 명예나 재물은 바로 그림자 밖의 그림자에 지나지 않는다. 무엇에 쓰려는지도 모르고 수많은 재물을 모아, 남에게 자장면 한 그릇 사주기도 아까워하다 죽으니, 10년이 못 가 탕진하는 자손들을 많이 본다. 대원각 사장이던 김영한 보살이 법정 스님에게 1,000억 원이 넘는 대원각을 기증하려고 10여 년을 사정하여 겨우 송광사에 기증한 뒤, 한 줌의 재로 자기 집 뒤뜰에 뿌려졌다. 오늘의 길상사는 법정 스님의 맑은 넋이 서려 있을 뿐 님은 떠났다. 송광사로 운구되던 날 그리움에 끌려 마지막 모습을 뵈러 다녀온 지도 벌써 5년이 지났다. 《선가귀감》에서도 말씀하지 않던가.

꽃마다 찾아다니며

애써 꿀을 모았는데

고생한 까닭을 모르겠네

그걸 누가 즐길는지.

사장님,
택시기사가 되다

"여보! 택시 운전이라도 해보면 어때요? 애들 학비에 먹고사는 데 매일 돈이 필요한데, 벌써 손 놓고 빚만 늘어난 지가 한참인데 더 큰일 생기기 전에 무엇인가 해야 할 거 아니에요?" 아내의 원망 섞인 투정과 푸념에 입맛이 썼지만 아무 소리도 못하고 밖으로 나와 별 생각을 다 하며 거리를 헤매어도 뾰족한 수가 없었다. 중2 아들과 고3 아들 그리고 대학 3학년인 딸의 학비와 생활비는 늘 필요한데, 하던 사업이 실패하고 빚만 잔뜩 늘어 막막하기만 할 때, 세 들어 살던 사람 중에 택시 운전으로 작은 집을 장만한 젊은 부부를 보고 아내가 하는 소리였다.

그동안의 세월은 앞만 보며 욕심을 채우는 일에만 열심이었으니, 걸핏하면 화를 내고 술 마시고 시비하고 어리석은 일에 매달려 '왜 사는지, 어떻게 살아야 하는가'를 몰랐다. 잘 벌 때는 흥청거리며 살고 세상 이치는 아무것도 모르니 몇 가지씩 벌려 놓은 사업이 잘될 리가 없었다. 칠팔 년의 내리막길에 돈 버리며 고생하고 빚까지 져서 아무 희망도 보이지 않으니 술만 부쩍 마시게 되고 세상 탓만 하게 되었다. 그래도 70년대 초부터 까만 자가용에 운전기사를 두고 건설업을 하면서, 운전기사 없이는 차를 안 타겠다고 큰소리치며 살다가, 운전기사들이 하도 속을 썩여 어렵사리 1종 보통 운전면허증을 따서 운전을 하고 다니긴 했지만, 그 알량한 왕년의 생각이 쉽사리 택시 운전을 하게 두지 않았다. 한 달을 두고 고민 끝에 아는 분의 소개로 택시회사에 면접을 보고 실기 테스트를 한 후 이틀 만에 수습기사로 입사하게 되었다. 남의 밑에서 일해 본 일이 없어 창피하고 어색했다. 첫날 낮 근무 후 회사에 입금을 하고 4만 원이 남았다. 그래도 아내가 신기해하며 반가워하는 모습은 창피와 긴장감을 풀기에 충분했다. 금전출납부를 구해다가 그날 그날 수입과 지출을 적어가며 적은 돈이지만 매일 들어오는 알짜 수입에 마냥 신이 나는 표정을 보니 기가 막혔지만, 싫지는 않았다.

속이 끓어
안 되겠다

매일 많은 사람들을 만나게 되니 욕하는 사람, 술 취해 정신이 없는 사람, 잠이 들어 깨워도 일어나지 않는 사람, 차비 안 내고 도망가는 손님 등 온갖 스트레스에 시달리고 가끔 얻어터지는 일도 생겼다. 참지 못하고 속이 늘 끓으니 그런 사람을 더 많이 만날 수밖에 없었다.

이래서는 안 되겠다 싶어 라디오를 틀어 기독교 방송과 천주교 방송을 번갈아 들어보니 조금씩 위안이 되었다. 성경과 몇 가지 책을 구해 좀 더 깊이 공부를 해보니 안정은 되었지만, 삶의 진리가 신의 논리로 귀결되어 곧 공부의 한계가 왔다. 전에 보던 사서삼경과 노장사상을 깊이 새기던 중 불교방송이 청주에 개국하게 되어 종일 들었다. 경전 해설이나 불교 서적 안내를 듣고 책을 한 권, 두 권 사보게 되면서 불교에 대해 눈을 떴다. 《불교의 이해와 실천》에 나와 있는 가르침을 일 년정도 보면서, 운전대 앞에 홀더를 만들어 놓고 중요한 부분을 적어 모두 외우기 시작했다. 절에 다니는 친구나 친지가 없으니 선뜻 아무 절에나 찾아갈 용기가 안 났다.

어느 날 차를 탄 손님에게서 불교대학에 다니면 더 좋은 공부가 될거라는 조언을 받았다. 집에서 이십여 분 거리에 있는 곳을 그동안 알지 못한 것은 안타까웠지만 용기를 내어 찾아가 등록을 했다. 일주일에 두 시간씩 두 번을 강의하는 불교대학은 칠십여 도반으로 북적이지만 늘 조용한 가운데 서로를 배려하는 모습이 있어 참으로 오랜만에 찾아온 고향집의 포근함을 느낄 수 있었다. 절에도 다니게 되었고 하던 공부라 모두가 즐거웠다.

나를 보는
공부

월탄 학장스님으로부터 참선을 배우고 화두도 받았다. 삼 년만 꾸준히 하면 달라진 나를 본다고 하여 그 이튿날부터 일 년 반을 계속하자 부처님의 가르침을 어떻게 받아들이고 실천해야 스스로의 능력이 될까를 알게 되었다. 우선 부모님 산소에 자주 찾아가 참회를 하고 또 했다. 화두는 내 영혼을 만나는 통로가 됨을 깨달았다. 손님들과의 마찰도 적어지고 생각지 않던 일이 이루어져 IMF의 어려운 시기에 빚도 갚고 개인택시도 살 수 있었다. 귀신을 좋아하면 귀신을 만나고, 노름을 좋아하면 노름꾼과 친구가 되고, 술을 좋아하면 술꾼이 친구가 되지만, 좋은 스승의 가르침으로 나를 바꾸어 나가니 만나는 사람도 좋은 사람들을 만나게 되는 것이었다.

적극적 수행을 해보지 않은 분들이 간화선을 뜬구름 잡는 것처럼 이야기하지만, 끊임없이 바른 정진을 하게 되면 현실과 화두가 손바닥과 손등처럼 하나가 되어 직관과 지혜가 발현되는 것을 언제나 느끼게 되었다. 손님들과의 마찰은 있는 그대로를 받아들이지 못한 나의 잘못임을 깊이 깨달은 후로는 공부도 깊어지고, 그 분들에게 감동을 주는 일이 많아 팁을 받는 일이 많고, 열네 시간의 고된 운전도 그전처럼 힘이 들거나 피곤하지 않았다.

부처님의 가르침 중에 일상생활에 대한 큰 깨달음이란 '두 번째 화살에 맞지 않는 것'이었다. 해탈까지는 못 가더라도 큰 불행을 당하거나 손해를 입었을 때 의연하게 편한 마음을 가질 수 있는 직관능력이 생겼다면 이 세상에 와서 가장 잘 살다 간다고 할 수 있을 것이다. 음식 맛에 대한 차별을 두지 않게 되었고, 잠자는 것에서도 자유로울 수 있게 되었다. 욕심에서 벗어나면 사랑과 자비는 늘 생기는 그런 일일

뿐이었다. 배려심이 배어 있으면 사고나 다툼이 없어져서 늘 즐겁다.

본래면목의
종교

불교대학을 2년 다니고 포교사가 되었다. 배운 내용을 남에게 전하려면 조금 더 적극적으로 나 스스로 보고 듣고 체득한 앎이 절실해, 인도 성지순례를 갔다. 성지마다 전해오는 감동에 가슴이 메어 눈물이 쏟아졌지만, 특히 보리대탑의 새벽 참배에서 샛별을 향해 잠시 입정에 들었을 때 2,600년의 시공을 초월하여, 부처님과 함께 앉아 있는 듯한 착각으로 환희심이 났다. 동틀 무렵 얼음보다 차가운 갠지스 강물 속에 앉았을 때 느꼈던 뼈 속 깊은 시원함은 오랜 세월이 지나도 정신을 맑게 한다. 아쇼카 왕의 석주는 부처님의 생존 흔적을 뚜렷이 나타내어 가르침의 깊이를 더해 주었다. 같이 간 다른 분들 중에는 감동이 덜했다는 경우도 있었는데 그것은 충분한 공부가 되지 않아 그런 것 같다. 인도 성지순례를 간다면 깊이 공부한 후에 방문하기를 권한다.
　공부와 수행이 깊어지면 때맞추어 스승을 만나는 것이 어렵다. 다행스럽게 꾸준히 참선 수행 중인 정만 스님을 만나 서로 탁마하면서 도반이 되어 계속 지도를 받게 되었고, 큰 의심에 가슴이 무거웠을 때는 혜국 스님을 만나 일시에 가슴을 비우게 되고 3년을 지도받은 뒤로는 큰 오르내림이 없게 되었다. 스님의 추천으로 간화선 입문 프로그램

지도인력 양성과정도 수료했다. 마음을 바꾼다는 것이 말은 쉽지만 불리한 현실에서는 바로 거부감이 나타난다. 끊임없는 수행정진으로 알아차리고 극복하게 되어 몸에 완전히 익어야 비로소 바꿀 수 있었다. '머문 바 없는 그 마음' 바로 수행으로 얻어지는 큰 능력이었다. 물고기를 잘 얻어먹는 꾀보다는 '물고기를 스스로 잡을 수 있는 지혜'가 열리려면 앞뒤가 끊어진 지금만 오롯해야 한다.

화두에 현실과 비현실이란 없다. 스스로 수행방법을 어떻게 터득하느냐에 따라 죽은 화두가 되기도 하고 살아있는 화두가 되기도 한다. 깊이 있게 수행정진 해보지 않으면 자꾸만 현실과 타협함으로써 화두 탓을 하게 마련이다. 진리에 옛날과 지금이 어디 있겠는가.

독일의 작가인 막스 밀러는 "하나의 종교만 아는 사람은 아무 종교도 모른다"고 했다. 세계의 각 종교와 종파에 대한 공부는 그 역사를 알게 하면서 넓은 안목을 키워 주었다. 또한 각 종교의 가르침의 깊이를 아는 데 꼭 필요했다. 모두가 선을 고양하고 악을 징계하는 상대적 가르침에 그쳤지만, 불교는 선과 악을 떠난 본래면목을 가르치는 더 없는 종교이다. "부처를 만나면 부처를 죽이고, 신을 만나면 신을 죽여라." 이보다 더 크고 높은 자비심 깊은 가르침은 없었다. 어느 누구의 은혜도 부처님의 은혜에는 비할 수 없을 것이다. 눈을 뜨고 나를 보지 못하면 코끼리가 기둥이 될 것이다.

모기가 무쇠소에 덤벼드는 것과 같이하라

도인은 마땅히 마음을 단정히 하여
질박함과 곧음을 근본으로 삼아야 한다.
표주박 하나와 누더기 한 벌이면
어디를 가더라도 걸림없이 살지어다.

道人 宜應端心 以質直爲本 一瓢一衲 旅泊無累

어디를 가더라도 걸림 없이 살지어다

법등화 이옥희

난 처음부터 불교신자는 아니었다. 가까운 동네에 산신을 모신 분이 있었는데, 그분이 내 남편의 간이 안 좋다고 일찍이 가르쳐줘서 치료를 하며 건강하게 해달라며 빌었다. 그리고 그 기도 덕분인지 남편은 다행히 지금까지 건강하게 잘 지내고 있다. 그렇게 난 산신 기도를 하며, 집안의 가장이 건강을 찾게 도와주었기에 그분을 믿고 따랐다. 그러던 중 신을 모신 분이 가정이 파탄 위기에 몰려 집을 나갔다 들어왔다 하는 걸 보고, '과연 자기 가정 하나도 잘 보살피지 못하는데, 그런 사람이 어떻게 남을 위해 기도를 해줄 수 있을까?' 하는 의문이 생겼고 그 후로는 그곳에 가지 않게 되었다.

사람이 살아가는 데 있어 종교는 필요하다는 생각이 들었다. 삶이

뜻대로 되지 않고 마음이 복잡할 때면 어딘가에 의지하고 싶었다. 그러다가 같은 동네에 사는 분이 절에 다닌다기에 따라가게 되었고, 이렇게 불교와의 인연이 시작되었다.

어미의
마음

처음 가본 절은 조그마한 암자였는데, 왠지 모르게 마음이 포근해지는 느낌이 들었다. 편안한 마음에 절을 찾아가게 되었지만 불교에 대해 아무것도 몰랐다. 스님께서는 이런 나를 위해서인지 언제나 절에 가면 법당 예절에서부터 《천수경》, 《반야심경》 등 하나하나 가르쳐주셨고, 다양한 기도 방법도 알려주셨다. 그중 하나가 사경이었다. 사경은 손으로 쓰는 방법도 있지만, 매일 인터넷 카페에 들어가 컴퓨터로 해도 된다고 하셔서 시작했다. 그렇게 매일 인터넷 카페에 들어가 사경을 한 지가 8년이 넘어가고 있다. 그리고 그 8년이 넘는 시간 동안 내 인생에도 많은 우여곡절이 있었다.

대학을 졸업하고 남들이 알아주는 대기업에 취업을 한 둘째가 어찌 된 일인지 회사에 잘 적응하지 못하고 사표를 쓰더니 절에 들어가버린 것이다. 취업난에 힘들어하는 젊은이들도 많은데 대기업에 들어간 딸 덕분에 내 어깨까지 으쓱했는데, 얼마 다니지도 않고 사표를 쓰고 게다가 집에 오지 않고 절로 가버린 딸 때문에 그 충격이 커서 앓아눕게 되었다.

　그 당시 나는 말도 못하고, 세상이 뒤집힌 것처럼 정신을 차릴 수가 없었다. 임신한 큰딸은 누워있는 나를 보고 "엄마 죽지 마, 엄마 죽지 마" 하는데도 그 상황에서 난 대답조차 할 수 없었다. 밥도 떠먹여줘야 하고, 누군가가 옆에서 수발을 안 해주면 안 될 정도로 생사를 왔다 갔다 했다. 그러나 남편은 직장생활하고 큰딸은 임신해서 있고, 아들은 서울에서 학교를 다니고 있어서 옆에서 수발해줄 사람이 없다보니, 절로 간 둘째딸이 날 자신이 지내는 절로 데리고 갔다.

　난 아무것도 할 수 없었는데, 둘째딸은 스님들 공양 상을 차려드리고 기도를 하며 날 돌봐주었다. 딸은 하루에 천배씩 절을 하며 자기의 길을 찾기 위해 열심히 기도를 했고, 결국 삭발을 결심했다. 그러는 와중에도 난 삭발을 하는 딸의 모습을 지켜보며 눈물만 흘릴 뿐 말리지도 못하고 아무것도 할 수 없었다. 슬픔이 겹치고 겹쳤지만 둘째의 출가와 기도 덕분인지 다행히도 나는 차츰 정신을 차리고 건강도 좋아지면서 집으로 올 수 있게 되었고, 다시 나의 사경 기도는 시작되었다. 이제는 매일 새벽 5시면 일어나 맑은 기운으로 하루를 시작하며 부처님 가피에 대한 감사함에 삼배를 한다. 그리고 컴퓨터를 켜고 법림사 인터넷 카페에 들어가 사경을 하는 게 나의 일상생활이 되었다.

있는 그대로
행복이다

처음엔 출가한 딸을 바라보며 눈물 나고 말리고도 싶었지만, 힘들 법
도 한 행자생활이 그래도 행복한지 밝아지는 딸의 얼굴을 보며 말릴
수가 없었다. 그렇게 둘째딸은 행자 시절을 보내고 승가대학을 마쳐 지
금은 어엿한 스님이 되셨다. 집안에 스님 한 분이 나오려면 몇 대가 공
을 들여야 한다는데, 우리 집안에 스님이 나왔다는 것만으로도 큰 복
으로 생각한다.

절에서 항상 바삐 움직이는 스님을 보노라면 한편으로 마음이 아프
지만, 그래도 얼굴에는 항상 미소를 머금으면서 힘든 일도 척척 하시는
모습을 보면 이게 바로 행복이란 생각이 든다. 또 내가 행여나 게으름
을 피우거나 나태한 생각이 들 때면, 스님은 이런 나의 마음을 다독여
주며 다시 기도할 수 있게 해준다.

무엇인가 바라고 시작한 사경 기도는 아니었지만, 지금 생각해보니
사경은 내 인생에 있어 바른 길을 안내해주고 있는 느낌이 든다. 비록
갑작스런 딸의 출가로 한때 가슴앓이를 했지만, 지금은 스님이 된 딸
이 내겐 큰 힘이 된다. 그리고 사경을 하며 괜한 근심, 걱정들도 내려놓
을 수 있게 되었다. 그래서 그런지 집안도 걱정할 것 없이 편안하고 내
가 원하던 일도 하나둘 저절로 이루어진 것 같다. 큰딸은 결혼해서 예
쁜 손주들 낳아 잘 살고, 아들은 대학을 마치고 원하는 직장에 취직해
좋은 배필 만나 결혼해서 잘 살고 있다. 처음엔 내가 절에 가는 것조차

마음 아파하던 남편은 지금은 본인이 먼저 절에 가서 일을 도와주겠다는 마음을 내고, 절에 가는 걸 좋아해 함께 갔다 온다. 이 모두가 기도의 힘이 아닌가 싶다.

　세상을 살다보면 기쁜 일도 있고 슬픈 일도 있지만 그걸 있는 그대로 받아들이면서 부처님께 의지하고 이겨낼 수 있는 것이 종교의 힘이라고 본다. 비록 세월의 흐름 속에 나이가 들어가면서 몸이 예전처럼 가뿐하진 않지만 기도하는 동안은 세상이 온통 내 것인 양 부자가 된 기분이다. 그래서 오늘도 나는 기도를 하며 아침을 맞이한다. 삼배하고 사경을 하면서 하루를 시작하니 허공처럼 모든 게 걸림이 없어진 것 같다. 두려울 것도 없고 무서울 것도 없다. 기도란 내 마음까지도 다 편안하게 해줘서 하는 일이 다 잘 되리란 확신을 갖게 한다. 하루하루 그렇게 살다보면 행복이 바로 눈앞에 와 있음을 느낀다. 변함없는 부처님의 사랑이 우리 모두의 가슴 가슴마다 한가득 채워지길 바란다.

초록 계절에 만난 또 하나의 경전
부처님 지혜로 힘든 세상 견딘 삶의 이야기들

연초록 계절인 5월이면 아무리 삶이 고달팠다 해도 '이젠 좀 크게 숨 쉬며 살아도 될 것 같다'는 안도감이 돈다. 최종심사를 기다리는 신행 수기 응모작들은 저마다 안도감에 맘껏 기지개를 켜는 사연들로 가득 하다.

축산학도를 꿈꾸던 고등학생이 교사가 가한 체벌로 인해 일그러진 삶을 살아가다 어머니의 간절한 기도와 스스로의 회심으로 학교 선생 님으로 다시 서게 되었다는 김호준 교사의 사연이 쿵 하고 깊은 울림 을 주었다. 폭력으로 일그러진 이 세상에서 폭력의 아픔을 훌륭하게 딛고 일어선 그의 수기에 가장 큰 상인 총무원장상을 주는 데에 심사 위원들의 의견이 무리 없이 모아졌다.

재소자 경오 불자의 신행수기는 특별했다. 사형을 선고받을 때에도 자신의 잘못을 인지하지 못했지만 다른 사형수의 사형집행을 목격하 면서 '나도 저렇게 죽는구나'라는 두려움이 사무쳤고, 그제야 자신이 어떤 잘못을 저질렀는지, 자신이 남에게 얼마나 큰 죄를 저질렀는지를 절감하면서, 그로 인해 참회하는 삶을 살게 됐다는 내용이다. 내게 소중한 것은 남에게 소중한 법이라는 부처님의 가르침이 그보다 더 사무치게 와 닿을 수는 없었으리라. 그 참회의 사연이 소중하게 느껴져 포교원장상 수상작으로 선정했다.

반면, 87세 천진화 보살님의 수기는 행복으로 넘친다. 행복하지 못했던 결혼 생활은 사별로 끝이 나지만 그 허탈함을 수행의 기쁨으로 채워가는 모습이 참으로 아름다웠다. 살아온 날들에 대한 회한에 파묻혀 지내는 노년의 인생이 있는가 하면, 이렇게 적극적으로 새로운 가치를 만들어내는 인생도 있다. 이런 노년이야말로 참으로 가치 있는 삶이 아니겠느냐며 중앙신도회장상 수상작으로 선정하는 데에 심사위원들이 즐겁게 의견 일치를 보았다.

육군사관학교의 말년 병장 송동석의 수기는 정말 신선했다. 군 생활을 행복하게 여기는 한국 남자들은 거의 없으리라. 하지만 그는 힘들기 짝이 없는 군 생활을 군법당에서 배운 수행을 실천하는 시간으로 보냈다. 그의 수기에는 생사가 걸린 절체절명의 위기나 극적인 회심의 내용은 없다. 하지만 이론에 머물고 말 수도 있었을 수행체계들을 몸으로 느껴보면서 힘든 시절을 뿌듯하게 보내게 되었다는 그의 수기는 묘한 감동을 안겨주었다. 이렇게 '현실의 젊은이들에게 실제로 살아갈 힘을 줘야 하는 종교'가 바로 불교라는 사실을 새삼 깨닫게 해준 그에게 불교방송 사장상을 안겨줘서 기분 좋다.

법보신문 사장상으로는 법광 전상삼 불자의 수기를 선정했다. 3년에 걸친 아내 병간호 시절을 스스로는 기도와 수행의 시간으로, 그리고 다른 환자들을 위한 봉사와 포교의 시간으로 보냈다는 그의 담담

한 고백이 묵직하게 다가왔다. 70대로 접어든 뒤에 찾아온 고난이건만 그 힘든 상황을 겪어내는 모습에서 진지하고도 흔들림 없는 말뚝 신심이 고스란히 느껴졌다.

이밖에 권수현 불자의 응모작을 포함하여 총 11편을 바라밀상으로 선정했다. 한 편 한 편 간절하고 진지하지 않은 작품이 어디 있으랴. 누군가의 인생이 담긴 글에 순위를 매긴다는 것이 가당키나 한가라는 의구심에 신행수기 심사위원이라는 직책이 버겁기만 했다. 그럼에도 불구하고 좀 더 많은 사람들이 부처님의 지혜와 자비로 '힘든' 세상을 '힘찬' 걸음으로 살아나가는 데에 본을 보여주는 막중한 임무를 해냈다는 안도감도 크다.

심사평을 마치면서 내년에 응모할 분들을 위해 작은 팁 하나를 드리고 싶다. 응모작들은 주로 병이나 사고로 죽음의 문턱까지 갔다가 기도의 힘으로 나았다는 신앙체험이 대부분이다. 그런데 가피를 입고 기적을 체험했다는 고백도 소중하지만, 그보다는 자신에게 닥친 위기가 어떤 일깨움을 주었는지를 진지하게 살펴보고, 신앙생활로 자신의 어떤 면이 어떻게 구체적으로 바뀌었는지를 차분하게 글로 정리해보시기를 권한다. 누구에게나 고난은 찾아오겠지만 그 고난이 누군가에게는 거듭 나는 기회가 된다. 이런 내용이 잔잔하게 펼쳐지는 신행수기는 세상 사람들이 수지봉독해야 할 또 하나의 경전이 된다는 걸 살짝 귀띔해드린다.

심사위원회를 대표하여
이미령 | 불광교육원 전임강사, 북 칼럼니스트